Emocionarte

Esta obra ha obtenido, por unanimidad,
el **Premio Espasa 2020**, concedido por el siguiente jurado:
Pedro García Barreno (presidente), Leopoldo Abadía,
Nativel Preciado, Emilio del Río y Pilar Cortés.

PREMIO ESPASA 2020

CARLOS DEL AMOR

Emocionarte

La doble vida de los cuadros

ESPASA

Espasa es un sello editorial de Editorial Planeta, S. A.
Avda. Diagonal, 662-664
08034 Barcelona
www.planetadelibros.com
www.espasa.es

Primera edición: octubre, 2020
Undécima edición: abril, 2021

Diseño de cubierta: Planeta Arte & Diseño
Imagen de cubierta: Rogier van der Weyden, detalle de *El Descendimiento*
© Museo Nacional del Prado
Diseño de interior: María Pitironte
Iconografía: Grupo Planeta

Preimpresión: Safekat, S. L.

Créditos fotográficos: © 2020: Album; Oronoz; Photo Scala, Florence; Musée National d'Art Moderne-Centre Pompidou; Gaspart/Scala; The National Gallery, London; The Museum of Modern Art, New York; Photo Fine Art Images/Heritage Images; Kocinski/Album; Christie's Images, London; Erich Lessing/Album; Akg-images/Album; DeAgostini Picture Library/Scala; Bildagentur für Kunst, Kultur und Geschichte, Berlin; Wolfgang Pankoke; Sackville Collection; Museo Nacional del Prado/Photo MNP; The Fitzwilliam Museum, Cambridge; Pushkin Museum, Moscow; The Trustees of the British Museum; Josse-Scala, Florence.

Créditos autores: © Ángeles Santos, VEGAP, Barcelona, 2020; © Heirs of Josephine Hopper / Licensed by Artists Rights Society (ARS), NY/ VEGAP, 2020; © Sucesión Pablo Picasso. VEGAP, Madrid, 2020; © Grant Wood, The Art Institute of Chicago, 2020; © Salvador Dalí, Fundació Gala-Salvador Dalí, VEGAP, Barcelona, 2020; © René Magritte, VEGAP, Barcelona, 2020; © Antonio López, VEGAP, Barcelona, 2020; © Charles Bell, 2020; © The Estate of Francis Bacon. All rights reserved. DACS/VEGAP, Barcelona, 2020; © The Munch Museum/The Munch-Ellingsen Group, VEGAP, Barcelona, 2020; © Juan Genovés, VEGAP, 2020; © Foujita Foundation, VEGAP, Barcelona, 2020; © Maria Blanchard, 2020.
Créditos del poema «Alba», citado en pág. 21: © Herederos de Juan Ramón Jiménez

ISBN: 978-84-670-6029-4
Depósito legal: B. 14.870-2020

Espasa, en su deseo de mejorar sus publicaciones, agradecerá cualquier sugerencia que los lectores hagan al departamento editorial por correo electrónico: sugerencias@espasa.es.

Impreso en España/*Printed in Spain*
Impresión: Unigraf, S. L.

El papel utilizado para la impresión de este libro está calificado como **papel ecológico** y procede de bosques gestionados de **manera sostenible**.

El objeto del arte es quitar el polvo de la vida diaria
de nuestras almas.
PABLO PICASSO

Índice general

Introducción

Los cuadros tienen muchas vidas. Esa es la premisa de este libro. Un cuadro esconde una historia real, o una curiosidad, que normalmente no leemos en las cartelas que cada museo instala al lado de la obra. Pero también esconde una ficción, que es la que cada espectador imagina cuando se pone delante y lo mira atento, olvidándose por un instante de todo y de todos.

Siempre que visito un museo, siempre que paseo por sus salas, tiendo a imaginar la vida de los personajes que habitan los cuadros. Rara vez tiene que ver con la real, pero suelo construir un relato novelesco sobre las vicisitudes y avatares que podrían haber sufrido los hombres y mujeres que tengo delante. Si veo a una mujer en una habitación de hotel, desnuda y leyendo un libro, mi mente intenta reconstruir qué es lo que la ha llevado hasta esa habitación y por qué tiene esa actitud melancólica. Imagino su hartazgo, su hastío, su cansancio. Intento ponerme en su piel y, a partir de ahí, trazar un mapa imaginario que responda a qué, cómo, dónde, quién, cuándo y por qué.

Con cada obra se puede jugar a hacer cine e intentar adivinar qué fotograma viene antes y después del que tenemos congelado delante. Un gesto, una pincelada, un error, una rectificación quizá enciendan la llama que nos permita encajar las piezas de un puzle de ficción, pero inspirado en hechos reales.

Recuerdo que, hace años, me llamaron desde el Museo del Prado para comunicarme que iban a empezar a abrir los lunes. Les dije que era una noticia muy interesante, pero que si habían preguntado a los personajes de los cuadros, porque no es lo mismo tener un día libre que trabajar toda la semana sin descanso. Aguantar a los visitantes doce horas más a la semana podría hacer que protestaran la infanta Margarita, el Caballero de la Mano en el Pecho, Carlos V o el bufón don Sebastián de Morra. No pusieron la cara de incredulidad que están imaginando, porque nos conocemos desde hace tiempo. Pero les propuse ir de noche al museo para ver *in situ* cómo vivían esos personajes el día previo a ese primer lunes. Fue un privilegio pasear por las salas en penumbra, ver al Jacob pintado por Ribera dormir plácidamente como siempre, poco afectado por la medida, comprobar que los borrachos se daban el último festín y que las Tres Gracias bailaban ajenas a que iban a ser contempladas un día más de lo habitual.

Para mí los cuadros tienen una vida mientras estamos en el museo y otra diferente cuando se quedan a solas. Estoy seguro de que en el Prado de noche suceden cosas y que hasta Goya se pasa a charlar con Velázquez.

Una obra de arte concluye siempre en los ojos del espectador, que termina dotándola de sentido, a veces alejado del que pretendió el propio artista, otras veces coincidente y, seguro, casi siempre sugerente.

Por ejemplo, si tengo delante un autorretrato de Sofonisba Anguissola o el retrato que le hizo Van Dyck, ya de mayor, me cuesta no pensar en todo lo vivido por esa mujer y en las dificultades para abrirse paso en un mundo de hombres. Me cuesta no pensar en su padre y en la apuesta decidida que hizo para que sus hijas se formaran en la cultura, que en nuestros días sería el equivalente a apostar porque uno de nuestros hijos sea astronauta, pero un astronauta que quiere ir a Marte. Vale que quizá yo he llegado a esa obra con algo estudiado por motivos de trabajo, pero si ustedes la ven —la verán en este libro—, si observan sus ojos, su mirada, comprobaran que esa anciana comienza a hablarles.

La imaginación como territorio innegociable es lo que da forma a una de las dos vidas de una obra de arte. La segunda es la real, que muchas veces parece más de ficción que la que hayamos podido imaginar. Intentaremos, como si de una máquina de rayos X se tratase, descifrar qué esconde una pincelada, una mirada, un color, un matiz. Comprobaremos cómo todos, absolutamente todos los cuadros que aquí aparecen, pero también miles de los que se han quedado fuera, albergan un viaje fascinante por el tiempo y sus circunstancias. Todos encierran alguna peculiaridad. La idea es atravesar las capas de pintura y adentrarnos en el misterio o los secretos que tiene cada obra. Descubrirán que, detrás de cada una de esas capas, existe algo que merece ser contado.

En este viaje confirmaremos también algo que es sabido: el devenir real de un cuadro es esclavo de la época en la que se pintó. Siendo esto una obviedad, si lo analizamos tiene más importancia de la que creemos. Los ojos de hace uno o dos siglos no son los ojos de ahora, ni los de ahora serán los de dentro de doscientos años. Lo que puede parecer una nimiedad a nuestra mirada quizá supuso una condena en el siglo XVI o, sin ir tan lejos, a principios del vecino siglo XX. La forma de pensar influye en el resultado final y hay casos en los que el artista se ve obligado a cambiar algún detalle por la presión de una sociedad vigilante. Y no hablamos de censura, hablamos de maneras de mirar, del desprecio de esas miradas ante lo que ven. Le pasó a Sargent por un tirante; Manet se llevó disgustos en el Salón de París. A muchos artistas se les tildó en su tiempo de degenerados.

¿Y qué decir de las mujeres? Las mujeres, como hemos señalado antes, tuvieron que vivir la injusticia de un tiempo en el que se les negaba hasta la entrada a los talleres para aprender. Hay excepciones, pero incluso autoras como Clara Peeters no podían competir en igualdad de condiciones con sus compañeros. La mujer, como mucho, solía tener reservado el papel de musa y modelo.

En esa vida real de los cuadros vemos que muchos de ellos no fueron valorados hasta años después: fue el tiempo quien los terminó poniendo en su sitio. Es de sobra conocida la historia de muchos artistas que no lograron vender un cuadro en vida y ahora baten récords en las subastas.

El arte es una celebración. Un cuadro no se acaba en lo que encierra su marco, un cuadro vive antes y después de que lo miremos. El marco lo acota y nosotros debemos cruzar esa frontera para hacer que su existencia siga saltando siglos y vidas, y se renueve con cada mirada. Cada cuadro es un cuento, una novela, un relato, y eso he pretendido reflejar en estas páginas: romper el marco y expandir el lienzo hasta donde sea posible.

En muchas ocasiones, sin ser grandes entendidos en arte, nos emocionamos delante de una obra. Probablemente no sabríamos explicarla, pero nos produce emoción. Eso es, quizá, lo que diferencia el buen arte del arte vulgar: que nos coge del pecho y nos aprieta, y no somos capaces de defendernos. Les pido que no se defiendan y se vengan de viaje conmigo a través de colores, texturas, claroscuros, maldiciones, ojos, besos, paisajes, muerte y amor que recorren algunas de las grandes obras de todos los tiempos. Casi todas ellas visitables en algún museo del mundo, ese era uno de los grandes requisitos. Se ha colado alguna perteneciente a colecciones particulares pero se suelen exponer con asiduidad en retrospectivas dedicadas a sus autores o autoras.

Empezamos. Si Monet dijo que solo podía dibujar lo que veía, nosotros intentaremos escribir sobre todo lo que no se ve. El mismo Monet también afirmó que la gente discutía y discutía sobre su arte, y pretendía comprenderlo, cuando todo era más sencillo porque, simplemente, era amor.

Este libro, de alguna manera, es también una declaración de amor a eso que tanto nos hace soñar y reflexionar, y nos golpea la cabeza para trastocar muchos de nuestros pensamientos, y es capaz de voltear nuestras convicciones. Lo que nos sirve de refugio y nos pone a salvo del ruido exterior, de la sinrazón, de la barbarie: el arte.

¿Cómo no amarlo? ¿Cómo no emocionarte?

Un mundo

ÁNGELES SANTOS

1929

—Pero, ¿de dónde ha salido esta obra? ¿Quién firma este cuadro? ¿Qué es esto? ¿Cómo se titula?

—«El mundo», pone.

—Es inquietante. Es misterioso.

—Tiene tantas lecturas, tantas cosas que mirar, que necesitaríamos el día entero para verlo.

—¡Es exquisito! Mira, mira ahí dentro. ¿Lo ves? Mira esa escena.

—Si Salvador lo viera se desmayaba aquí mismo. ¡Más surrealista que el autoproclamado rey del surrealismo!

—Sí, pero va más allá. Es un sueño completo, es nuestra mente cuando no podemos escucharla. Es como si alguien hubiese podido registrar con exactitud sus propios sueños, o sus pesadillas, y luego las hubiese pintado sin olvidar un solo detalle.

—Es un mundo reconocible y que, sin embargo, no pertenece a ningún mundo que conozcamos. Es el mundo que se esconde debajo del nuestro.

—Mira el humo de esa locomotora que se mete en el túnel. Mira, mira toda esa gente en el cine. ¡Son muchos mundos!

—¡Ja, ja, ja! Y estos jugando al tenis. Y los otros, al balompié.

—Y arriba esa ciudad, con sus edificios tan altos llenos de situaciones cotidianas. Y los ángeles, ¡ay!, los ángeles que

Ángeles Santos

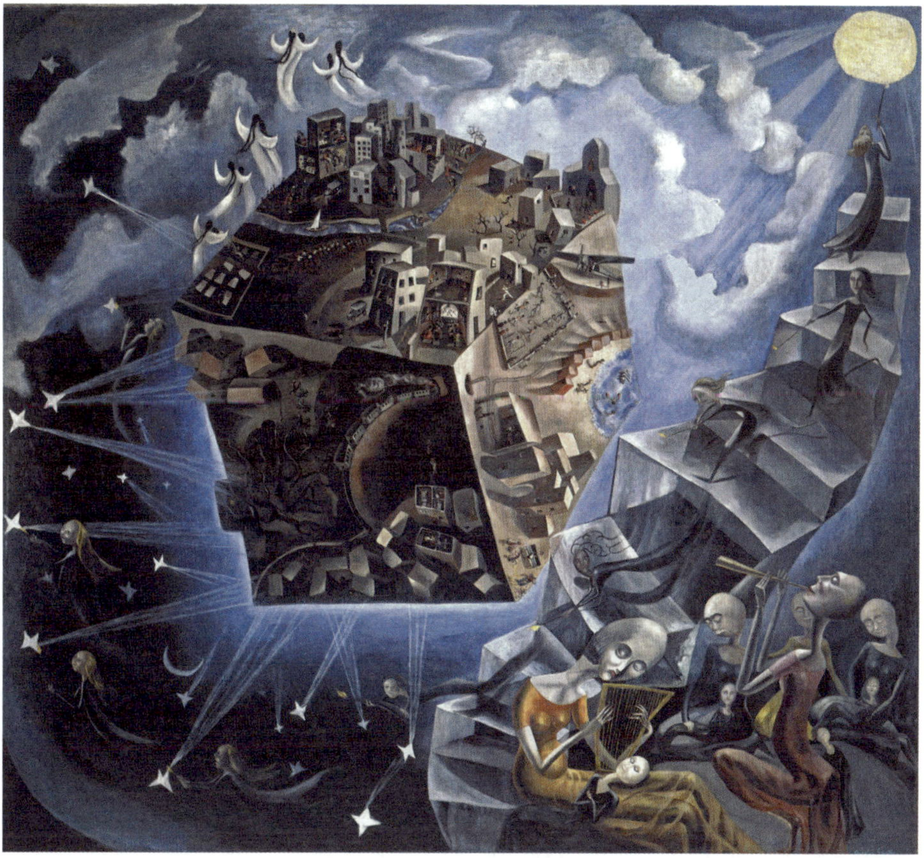

sobrevuelan. ¡Y qué miedo dan estas madres con el cuerpo alambicado, sin orejas! Son como seres de otro planeta; ¿las ves?, justo delante, con esas caras, mirándonos sin vernos, claro, porque tienen los ojos cerrados.

—Es absolutamente maravilloso, no puedo dejar de mirarlo. Ese espíritu encendiendo un trozo de madera en el sol. Vamos a ver quién es el pintor.

—¡Anda, es pintora! Se llama Ángeles Santos y acaba de cumplir diecisiete años.

—¿Cómo? Has tenido que leer mal.

—No, no, mira lo que pone en la ficha: «Santos. Señorita Ángeles Santos. Natural de Port Bou. Nacida el 7 de noviembre de 1911. Vive en Valladolid, en la calle Alonso Pesquera número 3».

—Pero, ¡si es casi una niña! ¿Cómo puede alguien tan joven, que vive en Valladolid, llevar ese mundo dentro? Pienso escribirle.

Esa conversación imaginaria la habrían podido tener perfectamente en 1929, en el Salón de Otoño de Madrid, Federico García Lorca, Jorge Guillén y Ramón Gómez de la Serna después de quedar boquiabiertos ante *Un mundo*, la obra de una joven de la que nadie había oído hablar. De hecho, la conversación está tan inspirada en la realidad que todos se cartearon con la artista y terminaron yendo a Valladolid para conocerla.

Ramón Gómez de la Serna escribiría estas líneas después de contemplar o, mejor, admirar el cuadro:

> En el Salón de Otoño, que es como submarino del Retiro, náufrago de hojas y barro, ha surgido una revelación: la de una niña de diez y siete años, Ángeles Santos, que aparece como Santa Teresa de la pintura, oyendo palomas y estrellas que le dictan el tacto que han de tener sus pinceles.

Esa niña, que había estado interna en Sevilla, donde ocupaba gran parte de su tiempo dibujando, al regresar a Valladolid compraba todas las revistas de vanguardia que encontraba y no cesaba de preguntar a todo el que tenía cerca sobre las corrientes artísticas que imperaban en Europa. Esa niña que atravesaba la adolescencia daba clases de pintura en casa y un día, leyendo a Juan Ramón Jiménez, se le vino «un mundo» encima:

> Se paraba
> la rueda
> de la noche…
>   Vagos ánjeles malvas
> apagaban las verdes estrellas.
>
> Una cinta tranquila
> de suaves violetas
> abrazaba amorosa
> a la pálida tierra
>
> Suspiraban las flores al salir de su ensueño,
> embriagando el rocío de esencias.
>
> Y en la fresca orilla de helechos rosados,
> como dos almas perlas,
> descansaban dormidas
> nuestras dos inocencias
> —¡oh que abrazo tan blanco y tan puro!—
> de retorno a las tierras eternas.

Esos versos, esos «vagos ánjeles malvas que apagan estrellas», fueron el fogonazo que despertó en ella la obra que asombraría a la intelectualidad madrileña unos meses después. Ángeles había visto, en fotografía, los trabajos de Miró y de los expresionistas alemanes, así que, con eso y con su desbordante imaginación, creó un universo propio, algo que parece destinado solo a artistas de mayor edad o con muchas vivencias a cuestas.

Un día, Ángeles le dijo a su padre que iba a pintar su mundo, un mundo, lo poco que había visto. Así que encargaron una enorme tela que trajeron de Madrid y la colgó en su habitación, la observó y se dijo a sí misma que ahora tocaba rellenarla.

Como estaba atenta a todo lo que se cocinaba en el mundo del arte, decidió, por cosas que había escuchado y leído sobre el cubismo, hacer su mundo cuadrado. No hay nada como empezar saltándose una enorme regla. El mundo de Angelita iba a ser como a ella le diese la gana, que por algo era suyo. Poco a poco, los tres por tres metros que llegaron blancos se fueron llenando de vida, de casas sin tejado por las que podemos asomarnos para ver lo que hacen sus habitantes, de extrañas criaturas que pintó por estar obsesionada por todo lo que en aquella época se decía de Marte y de la intención de ir algún día al planeta rojo. También hay soledad y tristeza, hay misterio y muchas preguntas. Es un mundo con muchas capas que la vista va descubriendo y que seduce desde el primer momento en que se tiene delante.

El cuadro lo he visitado frecuentemente y he tenido oportunidad de ver cómo se restauraba en el taller del Museo Reina Sofía. Allí se apreciaban las ampollas, las grietas y los aplastamientos; pude ver las cicatrices de una obra que esconde la historia de una mujer fascinante.

Hasta Valladolid fueron a verla las figuras culturales del momento. En una ocasión, el propio Lorca se presentó en su casa y le autografió el *Romancero gitano.* Más tarde volvería a encontrarse con él en San Sebastián. De esos encuentros Ángeles destaca lo que todo el mundo que ha tenido cerca al poeta cuenta de él: que, sin pretenderlo, Federico era siempre el centro de cualquiera reunión. Tenía luz e imán.

En esos años de éxito se produce uno de los puntos de inflexión en la trayectoria de Ángeles, cuando unos agricultores la encuentran desorientada en mitad del campo. Había huido de casa. La familia la ingresa en un manicomio de Madrid, de donde sale al cabo de un par de meses, en parte por la presión ejercida, entre otros, por Ramón Gómez de la Serna, que escribió un artículo en el periódico protestando públicamente por su reclusión y que, según cuentan, llegó incluso a pedir su mano. Pero aquellos meses cambiaron la mirada de Ángeles. Sus personajes se volvieron tenebrosos; sus cuadros, más oscuros.

Fue una época en que, llegó a confesar, solo lloraba, sin saber la razón. Cuadros como *Alma que huye de un sueño* son, de alguna manera, reflejo de aquel tiempo.

Pasaba temporadas sin pintar, pero cuando lo hacía el reconocimiento era considerable. Por no hablar del Salón de Otoño de 1930, el año siguiente a su presentación en sociedad. Entonces se le dedicó una sala en exclusiva, algo que no se había hecho con ninguna mujer. Expuso en París, en Estados Unidos. Su obra también cambiaría, casi definitivamente, después de su matrimonio con el pintor Emilio Grau Sala, con quien tendría un hijo y que, de alguna manera, la sacó de ese universo tan particular que habitaba su cabeza. Fue una historia de amor en dos actos, porque se casaron en 1936, se separaron en la Guerra Civil y terminarían reconciliándose años después.

Cuesta creer que aquella mujer, aquella chica que puso patas arriba el mundo artístico del Madrid de la época, no haya sido más recordada y no sea tan reconocida como su figura merece.

En cualquier caso, logró el sueño que muchos persiguen y no acarician después de toda una vida, haber dejado como herencia para las generaciones venideras todo un mundo en el que perderse. *Un mundo* es un cuadro ante el que se puede estar horas y horas y descubrir detalles y personajes en cada mirada. Juan Ramón Jiménez, que sin saberlo inspiró ese mundo, describió tiempo después a esta mujer que con una sola obra accedió al olimpo de los elegidos:

> Alguno se acerca curioso a un lienzo y mira por un ojo y ve a Ángeles Santos corriendo gris y descalza orilla del río. Se pone hojas verdes en los ojos, le tira agua al sol, carbón a la luna. Huye, viene, va. De pronto, sus ojos se ponen en los ojos de las máscaras pegados a los nuestros. Y mira, la miramos. Mira sin saber a quién. La miramos. Mira.

La mirada de Angelita se apagó en 2013, con 101 años.

La callejuela

JOHANNES VERMEER

h. 1658

—No quiero salir. No me apetece pisar la calle e instalar allí mi caballete. No entiendo por qué os empeñáis en que pinte un exterior: la vida se puede contar desde un estudio. Me interesa la cercanía con el ser humano, no con la naturaleza. Disfruto intentando desenmascarar a quien posa para mí, estableciendo un juego detectivesco en el que voy averiguando datos de su biografía que me ayudan en cada pincelada. Para mí pintar es echar un pulso con alguien, o mejor, contra alguien. Es desnudar a una persona hasta que puedo ver su interior y, entonces, meter el pincel como el que mete un bisturí. Además, ahora mismo estoy muy atareado.

»Mira, esta es una criada a la que estoy retratando. Le llevo dando mil vueltas a la forma en la que quiero pintar la leche, justo en el momento en el que la está vertiendo. En cuanto resuelva eso, el resto lo terminaré rápido. ¿Ves por qué no tengo tiempo para salir a pasear, para recorrer Delft en busca de algo que me seduzca pintar?

»¿Sabes?, me da miedo el cielo. Me da miedo pintar el cielo. Hasta ahora no me he enfrentado a ninguno, no he tenido la necesidad y, sinceramente, prefiero seguir así. He logrado domar la luz que ilumina las estancias que pinto, eso es lo más cerca de ese cielo que quiero estar.

—Entiendo, Johannes, pero debes demostrar al mundo que tus cuadros pueden tener vida más allá de estas cuatro paredes. Estoy seguro de que si sales ahí fuera deslumbrarás a la gente y el abanico de posibles compradores se abrirá. Lo que haces está muy bien, pero intenta dar un paso más. Que nadie pueda decir que no sabes pelear en campo abierto. Nunca has hecho nada en el exterior. Hazlo, y una vez que hayas demostrado que puedes hacerlo, no lo vuelvas a hacer. Pero no dejes que nadie ponga en duda tu valía por algo tan nimio.

—Aprecio mucho tus consejos. Pero insisto: no tengo el ánimo de salir a recorrer esta ciudad herida. ¿Para retratar qué? ¿Unos arbolitos, una iglesia? No me interesan esos temas. Quiero seguir con mis criadas, con mis costureras.

—Aguarda un momento. Mira, ven, asómate a la ventana. Mira esa mujer. Está cosiendo. Mira esa otra. ¿La ves?, ¿está limpiando la ropa? ¡Ahí tienes tu exterior! No me digas que no es perfecto. Solo tienes que bajar un piso y empezar a pintar. Ya tienes tu exterior.

—Déjame, anda. Quiero seguir trabajando.

Cuando Boudejwin se marchó, Johannes volvió a la ventana y se quedó largo tiempo observando a la mujer que cosía en el bajo del edificio de enfrente. Fijó su atención después en ese rojizo de los ladrillos, en los que nunca había reparado, y luego miró hacia arriba, al cielo, un cielo enmarañado de nubes.

A la mañana siguiente cogió sus pinturas, bajó hasta la entrada de su casa y esperó. Esperó a que la costurera se sentara de nuevo, como cada tarde, y, a los pocos minutos, otra mujer se materializó en el patio interior cercano. Más tarde, unos niños comenzaron a jugar.

El cielo seguía igual.

Cogió su pincel y empezó a pintar la vida.

Johannes Vermeer

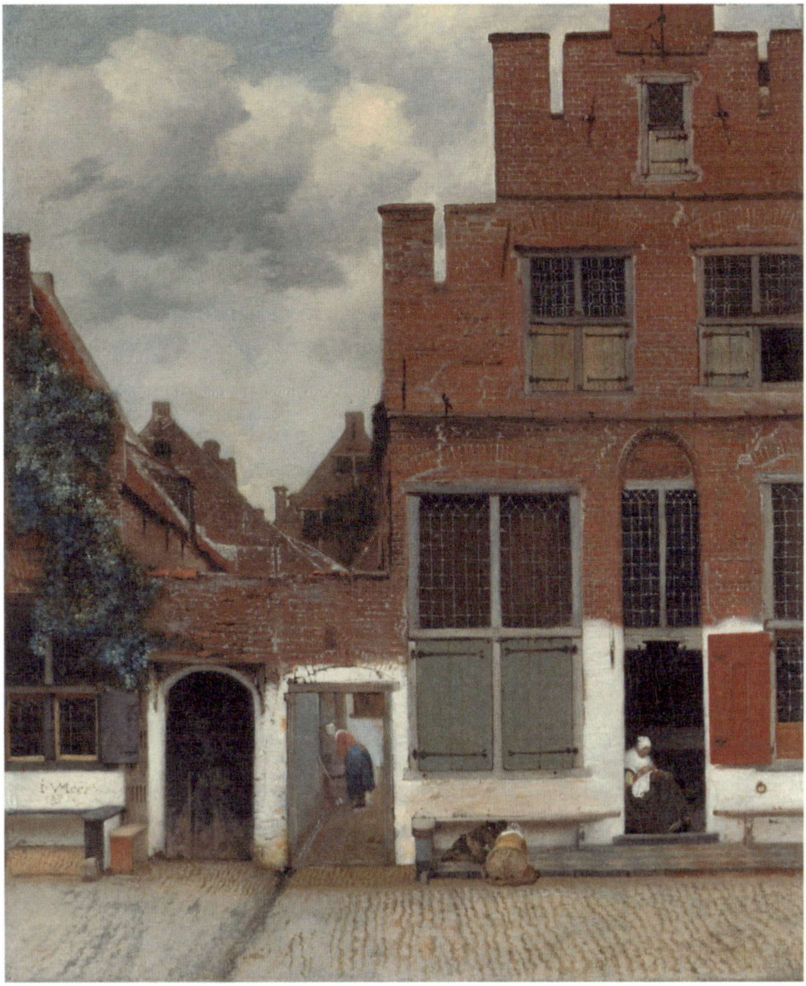

De Johannes Vermeer me gustan casi todos sus cuadros. Es cierto que son sus interiores los que más interés han despertado siempre y que obras como *La joven de la perla* (1655), *El geógrafo* (1668), *La lechera* (1658), y tantos otros, son deslumbrantes. A mí siempre me ha cautivado el primer cuadro de exteriores que realizó. No es que pintara mucho más al aire libre; de hecho, hizo dos, y ese segundo también es más conocido. Hablo de *Vista de Delft* (1660-1661), que es absolutamente apabullante en cuanto a belleza y ejecución técnica. Cuando, dos siglos después, se vendió la obra al Mauritshuis de La Haya, la descripción del cuadro rezaba así:

> Esta pintura, la más importante y la más célebre de este maestro, cuyas obras son escasas, representa la villa de Delft sobre el Schia; puede verse la villa completa con sus puertas, torres, sus puentes, tal y como eran. En primer plano hay dos mujeres hablando, mientras que a la izquierda algunas personas parecen prepararse para embarcar en una gabarra; delante de la villa, varios navíos y embarcaciones. El estilo es audaz, de los más poderosos y magistrales que puedan imaginarse. Todo está agradablemente iluminado por el sol. La tonalidad del aire y del agua, la calidad de las construcciones y de los personajes, forman un conjunto perfecto, y esta pintura es absolutamente única en su género.

Que se conozca, es el segundo y último «paisaje» pintado por este artista barroco a lo largo de su vida. No sabemos si tenía algún tipo de alergia o la alergia era simplemente a abandonar su casa, pero lo cierto es que salió en dos ocasiones, demostró su maestría y se volvió a sus cosas de estudio.

Bueno, pues a pesar de la enorme belleza de esa *Vista de Delft*, me quedo con esta «callejuela» que probablemente estaba justo enfrente de su casa, según algunas teorías, o enfrente de la casa de su madre. Sea como fuere, dos cosas sí están claras: era una zona humilde de la ciudad y lo de explorar no iba mucho con Vermeer, que prefería siempre retratar lo que tenía a mano y conocía. Claro, no fuera a moverse demasiado, el bueno de Vermeer. Siempre he estado muy de acuerdo con una sentencia atribuida entre otros a Machado, «si eres capaz de explicar lo que pasa en tu calle, serás capaz de explicar el mundo». En ocasiones creemos que lo que merece ser pintado, escrito, filmado, contado, es lo que sucede a miles de kilómetros, en algún lugar exótico o en una gran urbe, cuando la vida, tal como es de verdad, está al alcance de nuestra vista. Solo hace falta saber mirar. Y eso, a veces, es lo más difícil.

Uno de los grandes logros de esta pintura, a mi juicio, es la capacidad de transmitir lo cotidiano, lo normal, la vida a ras de suelo. De ser el reflejo de la verdad y del tiempo vivido. No sucede en ella nada extraordinario y, sin embargo, todo lo que sucede no volverá a acontecer. Es la rutina de una mujer cosiendo, otra aclarando, dos niños jugando. Es lo que se vería cada tarde, al abrir una ventana, en cientos de casas un día cualquiera de aquel siglo XVII. Documentar las pequeñas cosas de nuestro día a día es una gran labor sociológica y antropológica. No siempre estamos escalando montañas, surcando mares, librando batallas ni posando para un pintor. Casi siempre estamos con nuestros quehaceres diarios, que son menos emocionantes.

Uno imagina a Vermeer moliendo en el mortero los pigmentos que iba a utilizar, dividiendo el cuadro en varias zonas, dominando en un principio el rojo ocre de la derecha que otorga un enorme realismo al ladrillo. Jugándose la salud con el plomo blanco, destinado a iluminar el cuadro. Y mirando al cielo, a las nubes, para intentar llevarlas al lienzo. Los cielos de Vermeer —solo tiene dos— son, junto a los de Turner, de mis cielos favoritos.

Destaca la sensación de tridimensionalidad de este cuadro. Las casas lejanas que se pierden al fondo, la chica que lava algo en la parte central y la profundidad de ese pasadizo. La belleza de las glicinas cayendo sobre el límite del cuadro. De las cuatro figuras humanas que pinta Vermeer solo la costurera está frente a nosotros, aunque no apreciamos su cara porque solo esta sugerida, esbozada. Los niños juegan a su aire con algo que han encontrado en el suelo. Los rayos X, que son como los policías del arte, han desvelado la existencia de una quinta figura, a la entrada a ese pasadizo, que Vermeer debió borrar a última hora, quizá para no ensuciar más de lo necesario una escena que transmite mucha paz y silencio.

En 2015, un profesor holandés de la Universidad de Ámsterdam, Frans Grijzenhout, dijo haber encontrado el lugar real de este cuadro, afirmando que está entre los números 40 y 42 de la calle Vlamingstraat de Delft. Su teoría se basó en actas, registros de la propiedad y estudios de los edificios que quedaron en pie después de un devastador incendio que asoló la ciudad en 1536.

La callejuela, esté donde esté, es realmente una obra dotada de una gran modernidad, una obra que nos lleva a Hopper, como a Hopper nos lleva *Muchacha leyendo una carta,* que parece hermana de esa *Habitación de hotel* del pintor norteamericano. En ocasiones, representar la sencillez, lo mundano, lo rutinario y lo cotidiano puede ser lo más moderno de un mundo que, muchas veces, ha pecado de modernidad. El cuadro está firmado, también, de una forma novedosa, debajo de la ventana que hay a la izquierda del todo. Es una firma grafitada sobre la pared blanca, como si fuese una pintada.

De Vermeer, del que solo se conservan treinta y cinco obras, me da mucha pena que no se animara más a salir a campo abierto. Nos hemos perdido muchos cielos por eso.

Perro semihundido

FRANCISCO DE GOYA

1819-1823

Ese perro somos todos, ese perro es usted, soy yo, son su vecina y su jefe. Ese perro refleja un momento que todos hemos vivido o por el que todos pasaremos en algún instante de nuestra vida. Ese perro es no llegar con la hipoteca un mes, es vivir en el alambre, con la incertidumbre de si se podrá comer al día siguiente. Ese perro es el ahogo existencial de una generación perdida que ni hizo la guerra ni colaboró en la Transición y a la que atropelló la revolución tecnológica. Ese perro es cualquiera de nosotros sufriendo por el amor perdido, intuyendo una soledad cercana que no era deseada. Ese perro es la guerra y sus consecuencias, ese perro mira la sinrazón y la barbarie de unos seres humanos carentes de sensibilidad. Ese perro es cualquier ciudadano de a pie manejado por poderes políticos o económicos que le aplastan cada vez que intenta levantarse. Ese perro es la mujer maltratada que ha logrado huir y busca, asustada, ayuda. Ese perro es la desazón que provoca no conocer el destino, no saber cómo acabará la historia, nuestra historia, la de cada uno. Ese perro es un hombre en la cola del paro preguntándose qué será de él ahora y como podrá volver a casa y explicar a sus hijos que no habrá Reyes ese año. Ese perro es el final de un camino, muchas veces erróneo, que emprendemos siendo conscientes del error pero al que nos lleva una especie de corriente contra la que es imposible luchar. Ese perro es el vagabundo al que no hacemos caso y al que vemos cada día en la parada del autobús; le hemos visto mil veces, pero jamás nos hemos parado a mirarle o le hemos preguntado si necesita algo. Ese perro es la chica llorando que nos hemos cruzado esta mañana, pero íbamos tan a lo nuestro que no nos impresionaron sus lágrimas hasta tres minutos después, al cabo de los cuales la rutina volvió a sepultar ese recuerdo. Ese perro es el pequeño empresario que cada día levanta la persiana de la tienda que con tanta ilusión abrió y que tanto le está haciendo sufrir. Ese perro es el mundo entero paralizado por un virus, semihundido, atemorizado ante un horizonte que no estaba dibujado en ningún mapa.

Ese perro somos todos, peleando por sacar la cabeza aun a riesgo de que nos la vuelen. Ese perro es una fotografía de guerra y de desamor. Ese perro somos usted o yo cuando creemos que nos falta el aire y lo buscamos sin éxito, alzando nuestra mirada, con la ilusión de que unos centímetros más arriba corra una pequeña brisa que nos acaricie y nos dé una tregua. Ese perro es el pasado, el presente y el futuro. En ese perro se puede ver reflejada la inhumanidad. Ese perro te golpea cuando entras en la sala 67 del Museo del Prado, donde cada vez descubres un matiz nuevo, una tonalidad nueva o una lectura diferente. Ese perro nos remueve por dentro hasta arrancarnos preguntas que solo nosotros podremos contestar. Ese perro es el frío y el calor, es la vida y la muerte. Ese perro es nuestro espíritu intentando levantarse de la cama los días difíciles, esos en los que creemos que no vamos a hallar las fuerzas necesarias para afrontar lo que está por llegar.

Ese perro somos todos.

La sala 67 del Museo del Prado es quizá una de las más incómodas de visitar. Es la sala que alberga las llamadas Pinturas

Francisco de Goya

Perro semihundido

Negras, esas que decoraron las paredes de dos habitaciones en la Quinta del Sordo, la finca a las afueras del Madrid de entonces a la que Francisco de Goya se traslada desde su casa de la calle Desengaño. Goya es entonces un hombre célebre, reconocido y admirado en toda la ciudad, pero, tras vivir una guerra y sentir caer sobre él la acusación de afrancesado, parece preferir buscar un lugar nuevo para seguir trabajando. Tiene ya 73 años y está sordo, aunque el nombre de la Quinta del Sordo no es por él, casualmente el anterior dueño también lo era.

Las Pinturas Negras se crearon directamente sobre las paredes secas de la casa, que a su vez habían sido decoradas antes con otros motivos, de tal forma que en algún estudio radiográfico se pudo advertir algún paisaje o alguna flor. Lo que es evidente es que la luz de una flor dio paso en Goya a una oscuridad aterradora que, en parte, reflejaba también el estado de ánimo de su autor.

Si hoy podemos ver en el Prado ese perro y el resto de estas pinturas, se lo debemos a un francés que compró la casa en 1873, Frédéric Émile, barón d'Erlanger. Las paredes estaban en mal estado, pero antes de derribarlas decidió pasar a lienzo las obras mediante la técnica del *strappo,* una técnica bastante barata que no era la mejor, a cuyos efectos hay que sumar un traslado posterior a París y una restauración no muy afortunada a principios del siglo XX que provocó que se perdieran detalles y matices. Esa pérdida la podemos apreciar comparándolas con las fotografías que hizo en el siglo XIX Jean Laurent.

Para «decorar» las paredes de su nueva casa, el propio pintor preparó pigmentos en los que dominaban lo oscuro, lo inerte, lo mortecino. Viaja por los diferentes negros y los ocres, que apagan las luces y dotan de misterio e incluso horror las paredes. Será lo último que pinte Goya antes de partir hacia el exilio de Burdeos.

Francisco de Goya

Hablando de las diferencias y del daño causado por la desafortunada restauración que mencionábamos antes, el perro que protagoniza este cuadro es un buen ejemplo. La restauración no siempre se ha entendido como un respeto escrupuloso al original; en ocasiones el restaurador se permitía reinterpretar y añadir o quitar alguna cosa. Parece así que, en el original, el perro tenía el cuerpo un poco menos hundido y en la parte superior había dos pájaros, que pueden ser lo que esté mirando el animal.

Aun así, la sensación que provoca es la misma que nosotros experimentamos en nuestro tiempo; poco cambia, con o sin pájaros. Es la del desasosiego y la incertidumbre que está por llegar, la de no saber si estamos hundiéndonos o saliendo a flote. El perro mira hacia arriba, siendo el cielo o los pájaros una posible vía de escape o la representación de una añorada libertad.

En el cuadro domina el vacío, ese vacío, esa nada que, sin embargo, llena el lienzo y contribuye a desconcertarnos. No es un paisaje reconocible. El formato, tan singular como el resto de la obra, contribuye a crear una atmósfera extraña. Al cielo y a la tierra los distingue apenas una intensidad distinta del color ocre que inunda el espacio. El perro, con cara lastimosa, cautiva al instante nuestra mirada y nos invita a dirigirla hacia arriba, incluso fuera del propio lienzo. Hay quien ve en la sombra cercana la proximidad de la muerte, hay quien cree que ese perro es el mundo contrariado. Antonio Saura dijo que la cabeza de ese perro es la cabeza del propio Goya mirando algo que está ocurriendo. La atmósfera, el cielo, nos pueden trasladar a alguno de los cielos de Turner, experto también en eso tan difícil de conseguir que es lograr que traspasemos la tela para formar parte de ella.

El cuadro ha tenido varios títulos a lo largo de los años. Empezó llamándose simplemente *El perro*; así aparecía en el inventario de las obras en propiedad del hijo del pintor. En 1900 en el Museo del Prado le ponen el nombre que hoy conocemos, *Perro semihundido.* Pero hay un título intermedio que describe muy bien la escena: *Perro luchando contra la corriente.* Así aparece en una de las primeras monografías dedicadas a Goya. Y por eso ese perro somos todos, porque todos, o prácticamente todos, luchamos a diario contra la corriente. Todos intentamos vencer en nuestros combates cotidianos, todos miramos hacia arriba buscando aire o respuestas. Y todos ladramos, llegado el momento.

Adán y Eva

SUZANNE VALADON
1909

Estaban todas las entradas vendidas en el Circo Mollier. Marie tenía un mal presentimiento con el número que le tocaba estrenar. Aquella acrobacia solo había logrado hacerla bien dos veces, y eso es muy poco para llevarla a la práctica; pero su jefe se había empeñado en que urgía cambiar el repertorio y Marie, a sus 16 años, era un reclamo para atraer nuevos ojos.

A Marie no es que le gustara especialmente el circo. Le atraía el ambiente que rodeaba la función y el posterior. Todo Montmartre buscaba cobijo debajo de la carpa antes o después. A su madre no le parecía lo más indicado para ella, pero tampoco es que tuviera mucho tiempo para preocuparse sobre lo que hacía su hija. Bastante tenía con sacarla adelante.

Esa tarde, en los asientos estaba un artista del barrio que ya era muy reconocido y que siempre la miraba como hipnotizado. Era Toulouse-Lautrec. Un tipo muy extraño y feo.

La pasión de Marie siempre había sido pintar. Se podía pasar horas pintando, aunque ahora le tocara dibujar tirabuzones en el aire.

Empezó el espectáculo. La verdad es que todos los números eran previsibles; la gente los conocía de memoria. Por eso hubo algo de exaltación cuando anunciaron la novedad que ella iba a protagonizar.

Marie se dirigió al trapecio mientras los aplausos ahogaban la voz del animador. Agarró el columpio y empezó a balancearse. Cuando la fuerza del movimiento fue suficiente comenzó el número. Se sentó en la barra, se deslizó y dejó caer su cuerpo al vacío para, con su pierna derecha —en realidad, con el pie derecho—, quedar suspendida. Desde arriba veía al público y cruzó la mirada con la de esos pintores a los que le gustaría parecerse. Su cabeza se marchó lejos de ahí y recordó las primeras flores que pintó siendo una niña. Sintió incluso que podía olerlas. Su pie comenzó a perder fuerza. Despertó justo cuando caía al vacío, una caída acompañada de un grito colectivo.

La altura no era excesiva, pero en ese segundo que tardó en caer le pareció que podría analizar cada una de las caras del público. Tenían la mirada llena de miedo ajeno, ese miedo que es más cercano a la sorpresa porque no te afecta directamente. Algunos apartaban esa mirada. El impacto fue con la pierna, luego llegó el resto del cuerpo, pero el trabajo sucio lo había hecho la pierna. Intentó ponerse en pie pero se sentía mareada. Dos acróbatas que debían actuar después la levantaron y la llevaron al camerino que todos compartían.

Allí, una de sus buenas amigas le dijo que quizá su carrera en el circo había terminado.

Pero Marie no quería dejar atrás ese mundo que había logrado sacarla de las calles, de robar en los ultramarinos y de no saber dónde iba a dormir ese día. Ahora alternaba, ganaba algo de dinero, bebía de noche y se acostaba casi al alba, olvidando que había llegado a París huyendo de la aburrida existencia en su Bessines-sur Gartempe natal. Huyendo de las apuestas que hacían en el pueblo por saber, de todos con los que se había acostado su madre, quién era su padre.

—Marie, con tu figura podrías ser modelo. Yo creo que triunfarías. Además, con lo que a ti te gusta pintar, ¡estarías encantada! Conozco a un artista que viene por aquí de vez en cuando al que puedes ir de mi parte.

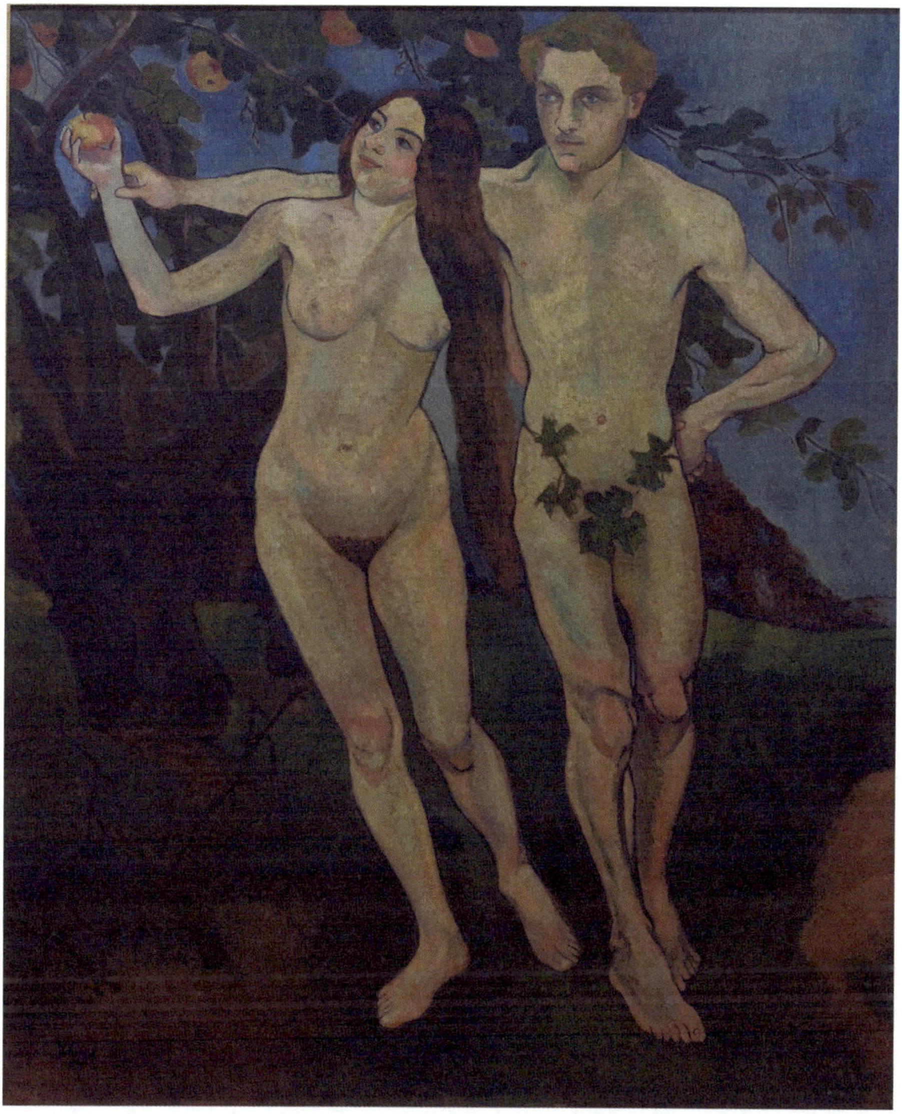

—No sé. Dejar el circo, ahora que empieza a irme bien…

—Prueba, no pasa nada por probar. Se llama Puvis de Chavannes.

La historia de Marie Clementine Valade, nacida en 1865, daría para escribir varias novelas y hacer un par de películas. Esta artista de circo, retirada muy joven del trapecio por una lesión y enamorada de la pintura, pasó a la historia como Suzanne Valadon. Fue camarera, modista, confeccionó también coronas fúnebres, trabajadora del circo y modelo. Modelo, primero, de pintores de cuarta y, luego, de pintores de primera. Es fácil seguir su rastro en obras de Renoir, como el *Baile en Bougival* (1883), en *La resaca* (1888), de Henri de Toulouse-Lautrec, o *En el baile*, de Berthe Morisot, entre muchas otras. De todos aprendía, aunque del que más, de Degas, amigo íntimo y para el que no posó nunca.

Suzanne es un caso atípico en la historia del arte, porque primero fue musa y luego, artista. La caracterizó su libertad en una sociedad hipócrita en todo lo referido a los derechos de la mujer. Con muchos de los artistas para los que posaba tuvo relaciones amorosas y/o sexuales. Tuvo, al menos, dos grandes enamorados, el músico Erik Satie y Henri de Toulouse-Lautrec. Satie, que quiso casarse con ella el día después de conocerla, nunca superó la ruptura después de un año de relación. Fue tan grande el desengaño que compuso *Vexations* (Vejaciones), una partitura de solo dieciocho notas que, como reza su encabezado, debe tocarse 840 veces seguidas. Él dejó esa especie de réquiem por su amor, y por sí mismo, y ella un retrato de Satie maravilloso.

Otro de sus grandes enamorados fue el hombre que la vio subida a un trapecio, el aristócrata discapacitado Toulouse-Lautrec. La relación que mantuvo con ella oscilaba entre lo carnal y lo platónico. Cuenta la leyenda que muchas noches Lautrec dejaba en la puerta de su habitación un jarrón con flores frescas que ella recogía y en secreto pintaba. Hasta que un día él vio esos cuadros y quedó deslumbrado por su colorido y su fuerza expresiva. Toulouse-Lautrec la guio y lo primero que le dijo fue que alguien con el nombre de Marie-Clementine no iba a llegar muy lejos. Nacía Suzanne Valadon, pero la historia no paraba ahí.

Ya hemos dicho que había para dos películas.

Se enamoró de ella un pudiente abogado que la quiso reconducir hacia una vida burguesa y tradicional, con casa de campo incluida, Suzanne aguantó poco. Además, el abogado no quería hacerse cargo del hijo que ella había tenido y del que nunca se supo quién era el padre, aunque las apuestas se inclinaban hacia Puvis de Chavannes o Renoir. El niño, de nombre Maurice, era ya alcohólico a los 15 años y solo un crítico ingeniero español, viejo pretendiente, aceptó darle su apellido. Miguel Utrillo y Molins, que llegó a París para hacer crónicas de la Exposición Universal, se prestó a ello.

A Maurice Utrillo le gustaban el alcohol y la pintura a partes iguales. Influido por su madre, se convertiría en uno de los artistas más personales e importantes del siglo XX, a pesar de tener poco éxito en vida. Su dejadez era tal que solía entregar cuadros a cambio de botellas de vino o comida en cualquier establecimiento de Montmartre. Hubo un momento en que no había pared de la que no colgara un Utrillo, lo que supuso un problema cuando su suerte cambió y su obra se empezó a revalorizar. Es famoso el color blanco de sus obras, el «blanco Utrillo». Maurice, que parecía condenado a amanecer muerto en algún portal, duró más de lo que parecía en un principio y consiguió cierta tranquilidad al casarse con una adinerada coleccionista.

Como el guion de la película parece inverosímil, seguiremos retorciéndolo. Un día, Maurice llevó a casa a su amigo André Utter, también pintor. Suzanne puso sus ojos en él y él le devolvió la mirada. Los dos protagonistas del cuadro de esta entrada son Suzanne y André como Adán y Eva. La libertad de Suzanne la llevó a ser una pionera en pintar desnudos de hombres y mujeres juntos y ese cuadro es una prueba evidente. Probablemente esta obra es una de las pocas en las que hizo alguna concesión, al tapar los genitales de Adán después de la protesta de la Sociedad de Bellas Artes. Un cuadro que representa la felicidad, a pesar de lo que muchos veían como un pecado: la relación de una mujer de cuarenta y cuatro años con un chico de veintitrés. Si la historia era al revés pocos decían algo, pero siendo de ese modo muchos se echaban las manos a la cabeza. No han cambiado demasiado las cosas; ha pasado un siglo, pero hay quién sigue mirando como si viviese a principios del xx. Veinticinco años estuvieron juntos y, con Maurice, formaron lo que ellos mismos bautizaron como «Trinidad Maldita». En un París dominado por Picasso, por un lado, y Cézanne, por otro, ellos decidieron ir por libre.

Un poco más, solo un poco más, para redondear la increíble biografía de Suzanne. En el camino nos hemos dejado los testimonios que hablan de que en su estudio vivía una cabra a la que daba de comer los dibujos que no le gustaban. Sí parece más verosímil que acabara sus días vagando por Montmartre, ida y con el rumbo perdido, recordando los tiempos en los que las noches se alargaban con Toulousse-Lautrec, Renoir y compañía.

Aquella caída del trapecio posibilitó la carrera de una de las grandes del postimpresionismo, una mujer que demuestra que se pueden vivir muchas vidas en una sola (y pintarlas).

Autorretrato a la edad de 63 años

REMBRANDT

1669

Basta de artificios, de adornos. Basta de representar lo que no soy. Basta de intentar jugar a un juego del que fui expulsado hace tiempo. Esta es mi cara, tal como la ven: ni príncipe ni rey. Yo, monarca durante tantos años de la pintura, habito ahora las sombras y el olvido. Vago por mi pequeño taller esperando a la Muerte, que vendrá en cualquier momento.

Lloro las ausencias, las muchísimas ausencias de las que se ha llenado mi existencia. El sufrimiento me acompaña. He enterrado a hijos, mujer y amantes. He visitado palacios, alternado con condes y condesas, he derrochado una fortuna en objetos en los que buscaba la belleza. Estudié la luz y su contraria, la sombra. Me obsesionó poder adentrarme en el ser retratado hasta captar su alma. Cuando todavía era imberbe ya vendía cuadros a cien florines. Lo tuve todo, cuando quise, menos la dicha de poder ver crecer a mi familia. Vivo porque no me queda más remedio, sin nada más que los recuerdos de quien fui.

Aquí me ven desnudo, con mi ajado gabán y esa vieja boina, y la cara de un viejo que solo quiere descansar. Mi cuerpo se confunde con el fondo, viaja hacia la oscuridad. Una luz fría ilumina mi cara, que no es triste porque ya no hay lugar para la tristeza en mi vida. Es una cara resignada.

He vivido, sí, y he pagado el precio por ello. Nadie comprará esta obra. ¿A quién le interesa un anciano moribundo, feo y arruinado? Soy Rembrandt van Rijn, el hijo del molinero, un artista que creyó que podía cambiar la historia del arte. Me voy, caminando hacia la penumbra de un tiempo que se me acaba.

Ese supuesto soliloquio puede ser el resumen de la mirada que centra esta obra. De todos los autorretratos de Rembrandt este es de los más emocionantes, no solo por ser de los últimos, también por ser, quizá, el más sincero. Si la cara es el espejo del alma, aquí el genio holandés tiene el alma rota, o al menos quebrada, por los infortunios sufridos durante una vida intensa en la que visitó las alturas y descendió a los infiernos.

Ese hijo del molinero destacó pronto por sus habilidades para la pintura, con un dominio de la luz que dejaba impresionada a la prospera sociedad neerlandesa del siglo XVII. Era capaz de pintar la luz sobre el rostro, la luz sobre los objetos, la luz indirecta y la luz arrebatadora

No tenía fama de simpático ni de complaciente, tampoco de regirse por los cánones establecidos e imperantes en una Holanda protestante de la que no salió nunca.

Para adentrarnos en el autorretrato que vemos hay que remontarse a su adolescencia y a su maestro, Pieter Lastman, con el que trabajó la técnica del claroscuro. No tardó en convertirse en uno de los máximos agitadores del mercado del arte de su país. Todo el mundo quería un Rembrandt, todo el mundo deseaba posar para ese hombre capaz de hacer brillar una parte del rostro y dejar en sombra la otra, el tipo que pinta a los milicianos en movimiento en una ronda saltándose las normas establecidas.

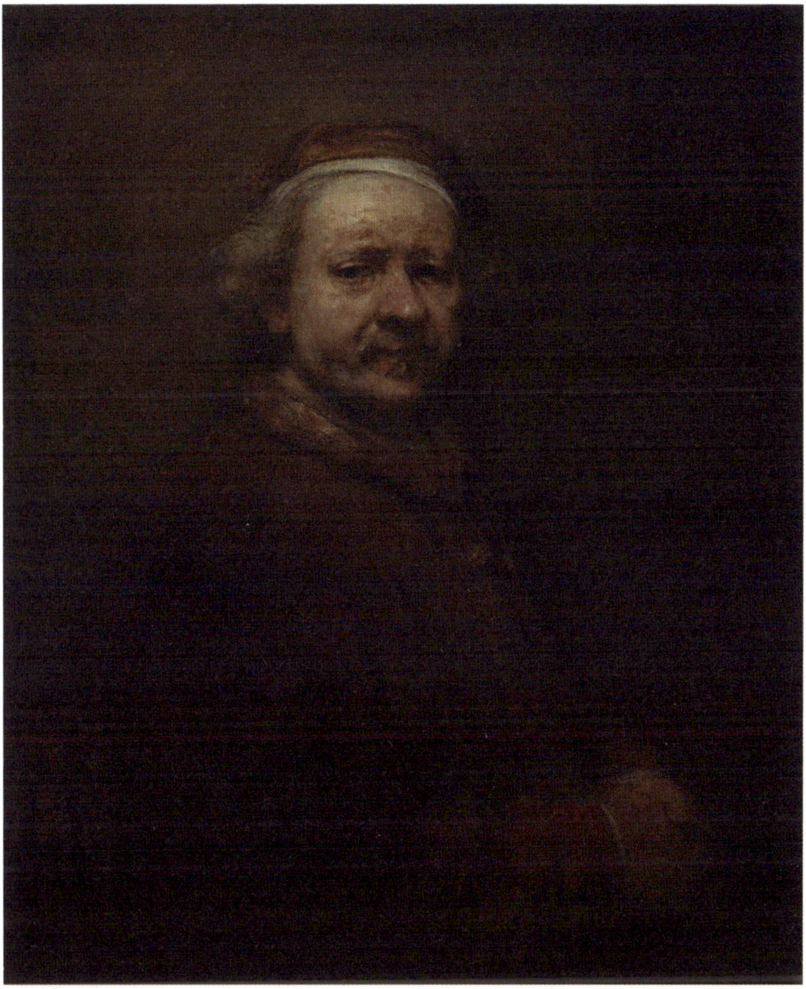

Para llegar a esa cara, a ese rostro de resignación de su último autorretrato, hay que viajar también años atrás, a la muerte de Saskia van Uylenburgh, quizá su gran amor, la mujer de su vida. Ella pertenecía a una adinerada familia que le abre de par en par las puertas de una sociedad que se convertirá en su principal cliente. La felicidad se puede ver en los autorretratos de la época. Funda un taller, enseña a jóvenes e invierte en coleccionar arte, invierte demasiado. La felicidad de esa época solo se ve empañada por la muerte prematura de hasta tres vástagos; solo Titus sobrevive a una niñez que parecía negada a un Van Rijn. Para lo que no estaba preparado el artista era para la muerte de Saskia. Una tuberculosis se la llevó en 1642, provocando que la vida de Rembrandt se convirtiese en una especie de montaña rusa. Comenzó una relación con Geertje Dircks, la niñera de Titus. Al inicio de la relación decidieron contratar a otra niñera, Hendrickje Stoffels, con quien tuvo una hija. Con ninguna podría casarse, porque había firmado con Saskia un contrato por el cual, si contraía matrimonio de nuevo, perdería toda la fortuna heredada.

Fue malvendiendo obras e incluso se vio obligado a mudarse a una modesta casa, donde Hendrickje y Tito ejercerían de marchantes. Sus trabajos fueron volviéndose más sombríos, de trazo más grueso y menos comerciales para los gustos de la época. Subastaron todo lo que pudieron subastar, incluso el enorme e inusual espejo en el que Rembrandt se miraba para pintarse, un espejo que envió a recuperar a su hijo y que, de regreso al humilde taller, se rompió.

Titus murió a los veinticuatro años, al poco de ser padre de una niña, dejando a Rembrandt como tutor.

Probablemente en todo eso piensa ese genio cuando nos mira siglos después. En la vida que fue, en la vida vivida, en su forma inquebrantable e insobornable de pintar. En aquella lección de anatomía con la que maravilló a todos, en el amor ausente y en los hijos que no crecieron, en la muerte cercana, en la nieta a la que no verá crecer, en la luz cegadora, fuego de muchos de sus cuadros. En la vergüenza de tener que llegar a vender incluso la tumba de Saskia. Pensará en aquel mono que compró y en para qué lo compró, en los objetos adquiridos en subastas, en el Rafael que le arrebataron por un puñado de florines, en los viajes que no hizo ni a Italia ni a ningún sitio. Pensará en cómo dotó a diosas y personajes bíblicos de rostros mundanos, en las modelos imperfectas a las que dibujó y a las que hizo posar en posturas novedosas y pioneras que no convencían a los clásicos. Su mirada limpia de hombre derrotado nos interpela para que busquemos en los museos y en los libros sus victorias, que fueron muchas; sobre todo la de la Historia, a la que ha pasado como un genio que puede firmar solo con su nombre, como lo hicieron Leonardo o Miguel Ángel.

Quien mejor resumió la obra de Rembrandt fue, probablemente, Vincent van Gogh, que firmaba solo como Vincent como homenaje a su compatriota. Al ver sus cuadros, Vincent dijo que había que haber estado muerto varias veces para pintar así. Y esa es la clave de la mirada de los últimos autorretratos: la de un hombre que ha muerto muchas veces y ha resucitado otras tantas. Uno puede nacer con el don de la pintura, pero lo de morir en repetidas ocasiones solo está al alcance de los elegidos.

Poco queda en este lienzo del chico que se pintó en 1628 con el pelo enmarañado, joven y dispuesto a comerse el mundo. El tiempo pasa, la vida pasa. O mejor, el tiempo y la vida te pasan... por encima.

En aquel instante de 1669, Rembrandt difícilmente podía imaginar que, siglos después, en su país y a través de una asociación llamada «Ambulancias del deseo», que tiene como objetivo cumplir las últimas voluntades de personas a punto de morir, mucha gente iba a pedir ir a ver una obra suya, sentir un último baño de luz. Tampoco podía adivinar que, cada nueve de marzo a las ocho y treinta nueve de la mañana, unos rayos de sol riegan la tumba de Saskia y amantes del arte lo celebran con un desayuno.

La luz, siempre la luz.

Muchacha de Figueres

SALVADOR DALÍ

1929

—¿No te aburres todo el día aquí arriba en la terraza, Salvador? ¿Qué haces tanto tiempo solo? No entiendo que siempre me pintes de espaldas y en ventanas o miradores. Alguna vez quiero darme la vuelta y que se vea mi cara. No tardes mucho en bajar, que aunque haya salido un buen día ya empieza a refrescar. Está siendo un otoño extraño, ¿verdad? Aquí estamos, vestidos casi de verano y los árboles desnudos de hojas. ¿Y cómo llamarás a la obra? ¿Sigo haciendo que coso? ¡Dime algo! No hablas nada, pareces en trance. Papá quería subir, menos mal que al final el trabajo no se lo ha permitido. Fue una suerte mudarnos tan cerca. Claro, que nosotros no recordamos nada de la anterior casa, pero no me imagino en otro sitio que no sea en esta calle Monturiol. Además, que papá tenga la notaría en el bajo es estupendo, así estamos más tiempo juntos. Oye, ¿y de verdad crees que vas a poder vivir de los cuadros? Mira que los pintores se mueren de hambre. Eres raro, Salvador. Siento decirte eso, pero eres raro. Alguna vez he subido a espiarte y te he visto corriendo desnudo, gritando como un demente. En otra ocasión te observé mientras te ponías pinzas de colgar la ropa en la nariz y aguantabas el dolor y la respiración. A punto estuve de ir en tu auxilio, pero luego me decía que es imposible morir así porque uno no puede ahogarse a sí mismo. ¿Sabes que el instinto de supervivencia provoca que respiremos, aunque queramos morir aguantando sin respirar? Llega un momento en el que nuestro cerebro obliga a nuestros

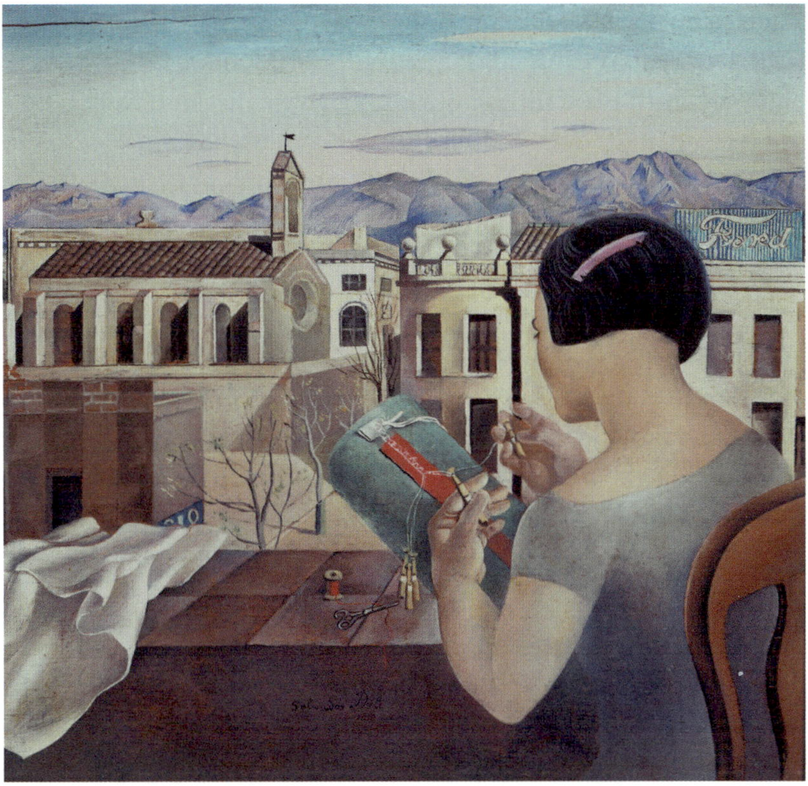

pulmones a activarse. No me gusta mucho esta plaza como fondo de un cuadro, espero que al menos aparezcan esas montañas y la ermita. Date prisa, Salvador, que además pronto empezaré a moverme, y me equivocaré, y no quiero. Oye, ¿y ese Pablo que tanto te obsesiona? ¿Por qué es tan importante para ti? He visto algunos cuadros suyos y tampoco es para tanto. ¿Se gana la vida con ellos? Cuéntame algo de tus viajes por Francia, anda. ¡Qué suerte poder ver mundo! Fíjate, si este cuadro viaja por otros países ni siquiera mi figura pintada va a poder ver nada. ¡Me condenas para siempre a ver el cielo de Figueres! O dime, ¿qué tal por Madrid? La Residencia está bien, ¿verdad?

Podrías invitar a Federico a Cadaqués este verano. ¡Vaya susto me han dado las campanas! ¡¡¡Salvador!!! ¡Menudo aburrimiento! Es la última vez que hago de modelo. Es que no me dices nada. ¡Cuenta algo!

—No has parado de hablar, Anna. Es muy difícil para mí mantener el grado de concentración que requiere este trabajo si estás todo el rato preguntando. Hemos terminado. Yo me quedaré un rato aquí arriba.

Anna María se asomó a espiar el cuadro y, aunque su hermano intentó ocultárselo, logró alcanzar a ver cómo le había cambiado algo el peinado. Es un peinado a la «moda decó», como él le había pedido, y que ella, después de ver la foto que le había enseñado, intentó imitar como pudo.

—Y ese letrero tan grande de Ford, ¿qué pinta ahí? No entiendo nada. Bueno, confío en que lo expongas en Dalmau si haces otra muestra pronto.

—Tranquila, Anna María. Y vete para abajo, que estará lista la cena. Ah, y ese Pablo se llama Pablo, pero le llaman por su apellido: Picasso. A él le enseñaré primero esta obra, si tiene a bien verla.

A este cuadro de la primera etapa de Salvador Dalí le tengo especial cariño porque hace unos años estuve en la misma terraza y en el lugar exacto donde, hace casi un siglo, Salvador Dalí pintaba a su hermana. Esa hermana que un año después pintaría, de espaldas también, en la casa que tenían en Cadaqués, solo que en esta ocasión ella miraría al mar Mediterráneo.

Subir a esa terraza, en el número 10 de la calle Monturiol, tiene algo de mágico. Después de ver el piso familiar, un par de plantas más abajo, en esa terraza comprendes, mejor que leyendo cien artículos, el espíritu de un artista inclasificable que confesaba que subía hasta allí, entre otras cosas, para «pincharme agujas de prender la ropa en cada oreja y otra en la nariz, y una corona pequeña... Me hacía un daño terrible. Pasaba así una hora entera de cilicio, de martirio».

En ese mismo tejado hay una especie de trastero con una pila que Dalí llenaba de agua y donde se bañaba desnudo mientras veía los cielos de Figueres; hay dibujos de esos baños. En un edificio colindante vemos unas pequeñas ventanas que tienen la misma forma que un cuadro de nombre imposible de aprender, *Gala desnuda mirando el mar que a 18 metros aparece el presidente Lincoln,* uno de los exponentes de un método que seguro tiene su raíz en esa azotea: el método «paranoico-crítico».

A Dalí hay que entenderle, como a casi todo el mundo, fijándonos primero en su infancia. En un paseo por el cementerio de Figueres, un amable enterrador me mostró la tumba del hermano del pintor que murió siendo un bebé, un hermano que se llamaba Salvador. Eso siempre le impresionó, por eso afirmaba que cometía todo tipo de excentricidades para confirmar que él era el hermano vivo. Seguir su rastro por Figueres y Cadaqués es relativamente fácil y apasionante. Quizá el Dalí de esos primeros años fue el más auténtico. Luego empezó a colocarse una máscara sobre otra máscara y, sobre esta, otra que hacía imposible distinguir entre el hombre y el personaje que se había inventado ese hombre. Dalí, que no acaba nunca porque nunca se muestra del todo, termina siendo un enorme artista motivo de caricatura y de mofa. Le imaginamos en la actualidad y daría mucho juego en las redes sociales que, a buen seguro, él habría utilizado para beneficio propio. Porque todo, o casi todo, en Dalí se orientaba en la búsqueda de un beneficio.

La relación de Anna María y Salvador, que había sido muy buena, se quebró en 1929 con la aparición de la omnipresente

Gala, en esa visita mítica a Cadaqués junto a Paul Éluard y René Magritte. Cuarenta años estuvieron sin hablarse por las desavenencias con la que sería segunda musa de Dalí, y también por la facilidad para olvidar que tuvo siempre el genio del bigote.

Esa Anna María, que plácidamente posa en la terraza de la calle Monturiol, caería en manos de una checa durante la Guerra Civil siendo acusada de espionaje y torturada durante dos semanas. Nunca volvió a ser la misma.

A pesar de eso, y a pesar de que Federiquito —como llamaba Anna a Lorca— había sido asesinado por el bando nacional durante la contienda, Dalí miró para otro lado, hasta el punto de que llegó a sentirse cómodo en la dictadura franquista. La relación entre los hermanos se hizo definitivamente irreconducible después de la publicación, en 1942, de *La vida secreta de Salvador Dalí*, que Anna consideró inmoral. Pocos años después, ella publicaba *Dalí visto por su hermana*, obra en la que ajustaba alguna cuenta pendiente con él, envite al que el pintor, supuestamente, responde en 1954 con el cuadro *Joven virgen autosodomizada por los cuernos de su propia castidad*, una «versión» de la célebre *Muchacha en la ventana*.

Picasso mostró mucho interés por el cuadro *Muchacha de Figueres*. Nace aquí también una de las relaciones artísticas más peculiares de la historia, basada en la rivalidad y la admiración. Rivalidad sobre todo en una dirección, del discípulo hacia el maestro. Una rivalidad que se convirtió en división durante el franquismo y que se puede resumir en este juego de afirmaciones y negaciones salidas de la boca de Dalí:

> Picasso es español, yo también. Picasso es un genio, yo también. Picasso tiene 72 años, yo unos 48. Picasso es conocido mundialmente, yo también. Picasso es comunista, yo tampoco.

Muchas veces el talento de Dalí se le escapaba a borbotones por una boca demasiado grande.

Dalí murió en 1989, escuchando *Tristán e Isolda*; Anna María murió cuatro meses más tarde. Él, en Figueres; ella, en Cadaqués. Los dos bastante solos.

Muy lejano quedaba aquel plácido y caluroso día de otoño en el que él la pintó en la azotea de la casa familiar. Cuando todo estaba por hacer.

Las etapas de la vida

CASPAR DAVID FRIEDRICH

1835

No debería ser yo el que está aquí después de tan largo camino, viendo a mi familia sentada en esta tarde fría y plácida. Noto como mi vida llega a su fin. No sé cuánto más podré pintar, cuántos cielos, y atardeceres, cuántas lunas, cuánta gente de espalda sintiéndose pequeña frente a un paisaje, frente a un mundo que es inabarcable. Intento abrirme paso entre las rocas con la ayuda de mi bastón, consciente de que no me queda mucho camino por recorrer. Veo a mis descendientes y pienso que no estarían aquí si aquella mañana todo hubiese sido como parecía destinado a ser.

La vida es tan caprichosa que ninguno formaríamos parte de este decorado sin ayuda del destino, que en mi caso hizo un quiebro cuando apenas era un niño. No sabemos en qué momento todo cambia y, sin que nos demos cuenta, altera el devenir de los días y del futuro. Una decisión puntual, un detalle, es capaz de provocar un torrente de consecuencias que atraviesan años y generaciones. Ellos, tan pequeños, no son conscientes de que son el resultado de un accidente, de ser fruto del azar. He sido reconocido, he viajado y he visto lugares que me han hecho sentir pequeño, diminuto. He subido montañas, transitado bosques, visto amaneceres, atardeceres y cambios de día. He pintado lunas, soles, nubes, pero nada de eso debería haber sucedido si la lógica se hubiera impuesto, si aquel hilo de voz que me quedaba entonces no se hubiese proyectado.

Caspar David Friedrich

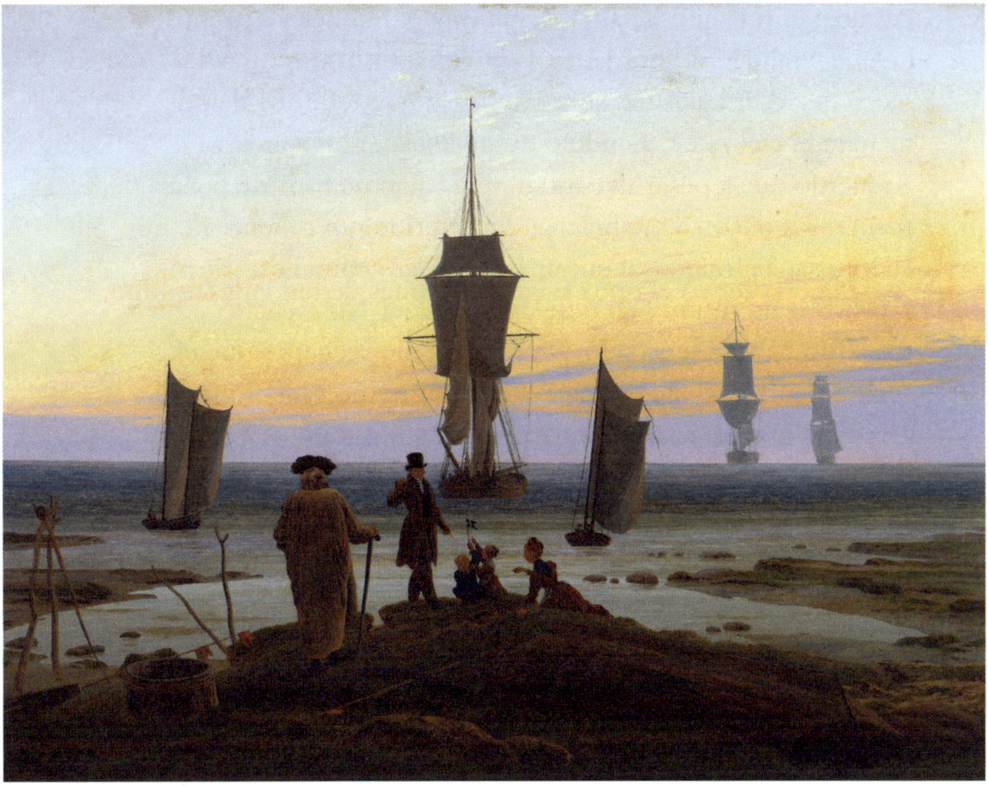

Un amigo me dijo que yo era el más solitario de los solitarios seres que había conocido. Quizá elegí la soledad para dar la espalda a un mundo que no me correspondía a mí transitar. Todavía hoy, cuando el final está cerca, cuando me dispongo a partir, aquel instante viene una y otra vez como si hubiese acaecido ayer mismo.

Aquella mañana a la que me refería era una mañana de invierno en Greifswald. Mi padre, que trabajaba duro para sacar adelante a nueve hijos, sufría en silencio la pérdida de mi madre, primero, y la de una hija —mi hermana Elisabeth— poco después. Era día de fiesta y me levanté con bastante ánimo. Sentí el aire helador llenar mis pulmones y henchirlos de una vitalidad desbordante. Desayunamos todos juntos y luego decidí ir a patinar sobre un hielo que reflejaba de tal manera el cielo que, viéndolo desde lejos, todo parecía uno. Recuerdo que a pesar del abrigo tenía algo de frío. Me puse a patinar. La nariz se me helaba; del interior aún caliente de mi cuerpo salía aire que, al entrar en contacto con el exterior, provocaba un humo digno de una hoguera. No escuché, o no recuerdo haber escuchado, el crujido. Solo recuerdo que el suelo se abrió debajo de mí y el frío lo invadió todo. Empecé a agitar los brazos, movía las piernas sin cesar; cada vez que intentaba apoyarme en alguna placa de hielo esta se rompía y volvía la desesperación. Mis fuerzas empezaban a debilitarse y alcancé a gritar socorro. Al poco adiviné la figura borrosa de un chico corriendo hacía mí. Era mi hermano Johann. Me cogió de los brazos y me arrastró hacia fuera; no sé si llegué a perder el conocimiento. Recuerdo el cielo azul helador y volver a escuchar crujir el hielo. Giré la cabeza y mi hermano no estaba. ¿Johann? ¿Johann? ¡Johann!

No, yo no debería estar aquí, viendo este atardecer. Mi vida ha sido una vida regalada.

Es indudable que a Caspar David Friedrich le marcó la muerte de su hermano Johann, que perdió la vida después de haber conseguido rescatarle del hielo. El sentimiento de culpa parece que le acompañó siempre, y una infancia que se presuponía debía ser feliz bajo el paraguas de un padre que trabajaba haciendo velas se vio truncada por la muerte de su madre, de su hermana y sobre todo la de un hermano que debía haber sido él. Probablemente por eso su tendencia a la soledad, su supuesto intento de suicidio, su amor por la grandeza del paisaje y la insignificancia del ser humano en contraste con la inmensidad de la naturaleza. Tanto es así que su primera gran obra, *La cruz en la montaña,* que le sitúa con nombre y apellidos dentro del panorama artístico, fue criticada en su momento por el tamaño del cristo en el conjunto del cuadro.

De Friedrich hay muchas obras que emocionan. Todos tenemos en la cabeza, o en el recuerdo, *El caminante sobre las nubes*, reproducido e imitado hasta la saciedad. Uno de mis cuadros preferidos del Museo Thyssen de Madrid es *Mañana de Pascua*, ese amanecer con la luna todavía presente, ese fuerte simbolismo, esa dualidad vida/muerte representados por el nuevo día que atropella a la noche a punto de partir.

Ese simbolismo se multiplica en la obra que protagoniza este capítulo, esas «etapas de la vida». Un Friedrich con su inseparable bastón contempla a sus tres hijos, Gustav, Agnes y Emma, sentados sobre un saliente, y a su sobrino Wilhelm, de pie. El presente y el futuro frente a alguien que empieza a considerarse pasado. Se cree que la obra se pintó en la costa de Wittow, donde los barcos correo suecos hacían una parada en el camino. Esos barcos, cinco, como personajes aquí, representan también cada uno una edad, un momento vital. El más grande, cargado, está cerca de una orilla que es símbolo de la muerte; los de tamaño mediano todavía tienen mar por delante y a los pequeños les quedan mares por navegar y mundo por ver, un mundo que empieza también cerca de esa orilla. El bote sobre la roca, vuelto del revés, bien podría representar la muerte del propio artista o la muerte del hermano en aquella mañana fría de la infancia. Los niños llevan una bandera sueca porque el artista siempre se sintió alemán pomerano y sueco, algo que no le benefició en algunos momentos de su trayectoria.

Friedrich tuvo éxito durante gran parte de su vida, pero fue denostado en sus últimos años. La excesiva melancolía y el romanticismo de su estilo empezó a pasar de moda y sus cuadros no encontraban comprador. Su mujer —si pueden vean el luminoso *Mujer asomada a la ventana*— y los niños ponían la luz en los días más oscuros. Poco después de pintar esta obra sufrió una apoplejía que le obligó a dejar los pinceles.

A pesar de terminar su vida alejado de los gustos de la época, se le considera el máximo representante del Romanticismo, y deja para la historia obras llenas de personas que nos dan la espalda, personas que podríamos ser cualquiera de nosotros, mirando al horizonte y a la inmensidad. Porque, a pesar de su simbolismo religioso, el paisaje en sus cuadros nos invita a ser el caminante sobre las nubes o tantos otros personajes que allí aparecen, a los que no vemos la cara porque así podemos ser ellos.

Cuando estén delante de uno de sus cuadros sentirán la necesidad de ver la cara del o de los protagonistas, que el pintor suele hurtarnos, como decíamos, a sabiendas. Esa ocultación completa el misterio y, a su vez, nos hace partícipes de las vistas, porque en el caso de Friedrich hay que disfrutar siempre de las vistas que nos brinda.

Friedrich moría en 1840, con 65 años. El barco grande había llegado a la orilla.

Vista hacia el norte del monte Asukayama

UTAGAWA HIROSHIGE

1856

Quiero ver a la gente pasear, quiero verla al aire libre en la calle, haciendo cosas normales. Necesito dibujar un estado de ánimo que no sea el estado de ánimo de ahora. Mi ciudad, Edo, no puede sufrir más. Apenas hemos conseguido levantarnos de un desastre cuando viene el siguiente. Decenas de amigos han perdido a algún familiar, hombres o mujeres a los que se tragó esa tierra caprichosa y hambrienta que se abre debajo de nuestros pies con demasiada frecuencia. El destino está siendo cruel con nosotros y no quiero alentarlo. Me niego a hundir más el ánimo de mis compatriotas, prefiero enseñarles cómo era la vida antes y cómo será la vida en cuanto nos repongamos. La vida será salir a pasear, trabajar, conversar, meditar. La vida será otra cosa que no es lo de ahora.

Quiero reflejar la cotidianidad de una ciudad a la que amo, de una ciudad viva y no muerta. Quiero volver a ver limpio el monte Fuji, sin que una cortina de humo y miedo lo tape. Voy a mirar hacia los rincones que hayan renacido o que estén peleando por renacer. Levantaré acta de cómo una ciudad es capaz de volver a ponerse en pie y reinventarse después de ser reducida a escombros. No sé hasta dónde llegaré, ni cuando terminaré, pero deseo convertir este trabajo en un testimonio para la historia de una Edo que, de nuevo, toca reconstruir. Volveremos a los jardines, a las tiendas, a las conversaciones.

Volveremos a admirar los cerezos en flor que nos descubren cada año que la primavera siempre termina por llegar, aunque me adentraré también en el otoño, el verano y el duro invierno.

Los ritos y las costumbres han cambiado mucho en los últimos años, mi país ahora mira hacia Europa como si Europa fuese la solución. Ha cambiado la manera de comportarnos, pero la esencia sobrevive y nosotros también, a pesar de todo, a pesar de las muertes, a pesar de los peces gigantes que golpean las entrañas de la tierra, no hay *namazu* capaz de tragarnos.

Salgamos de nuevo al mundo para venerarlo como merece, salgamos a él y rindámosle pleitesía. Mi manera de hacerlo será esta, reproduciendo hasta la extenuación lo que mejor sabemos hacer cuando nos dejan: vivir.

No recuerdo una era peor que esta era Ansei: fuegos, terremotos, barcos negros que nos traen una manera de ser importada. Marcho con mis aperos de pintar. Buscaré mi Edo de siempre, consciente de que encontraré otra ciudad.

Edo, ya sabrán, es el nombre que hasta 1868 recibió la actual Tokio. La obra que vemos es uno de los ciento diecinueve grabados que el artista Utagawa Hiroshige realizó sobre esa Edo que se recuperaba de varias catástrofes seguidas, la más grave el terremoto de 1855, de 7,5 en la escala Richter, al que se bautizó como Ansei. Edo, Tokio, era entonces una enorme urbe caracterizada por su aislamiento del mundo exterior, hasta que en 1853 el comodoro estadounidense Mattew Perry atracó con sus enormes barcos de casco negro e incesante humo del mismo color en el puerto de Uraga, forzando al país a comerciar con ellos y dejar atrás más de dos siglos en los que los japoneses solo habían tratado con chinos y holandeses.

Utagawa Hiroshige

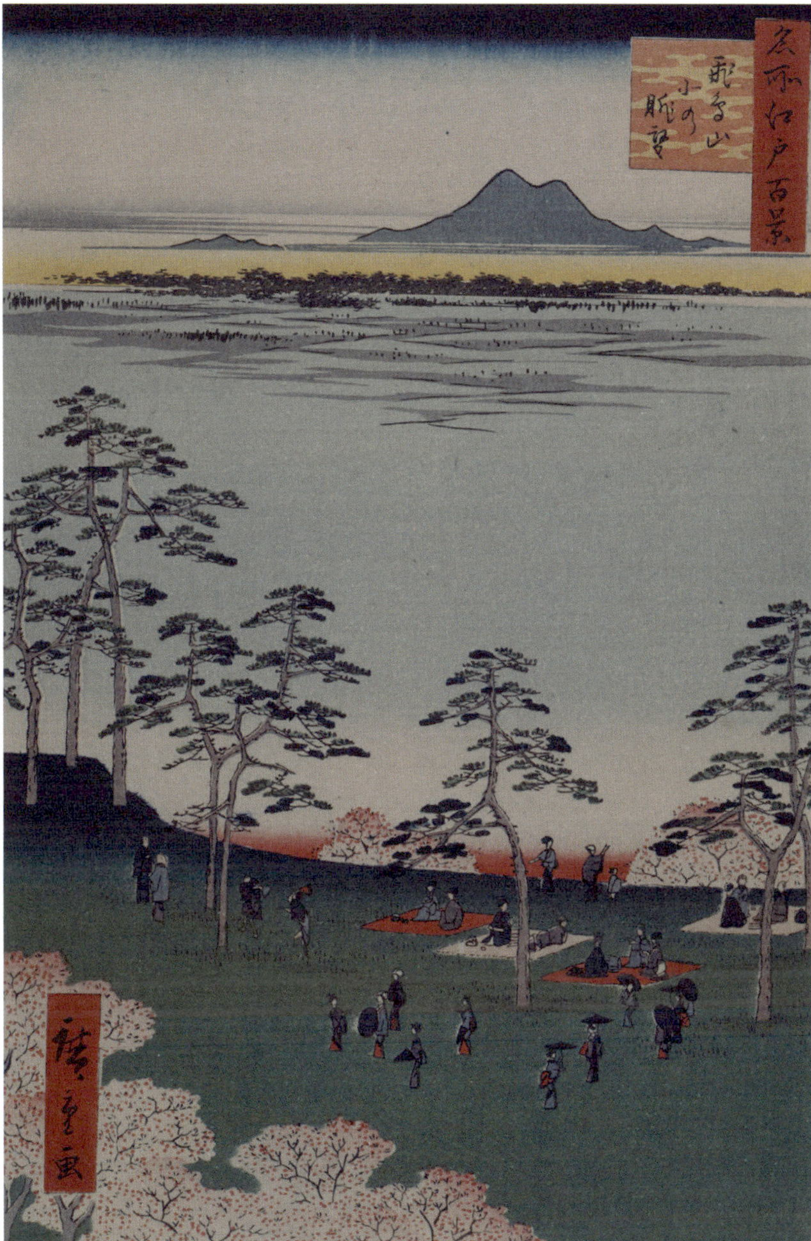

Vista hacia el norte del monte Asukayama

Así que Hiroshige, uno de los artistas japoneses más importantes e influyentes de todos los tiempos, se enfrentaba a un doble reto: pintar una ciudad que se transformaba a pasos agigantados dejando constancia, al mismo tiempo, de un modo de vida que aunque cambiante mantenía sólidas raíces tradicionales.

Su idea siempre fue crear una obra que contribuyera a levantar el ánimo de una población que veía cómo la naturaleza se cebaba una y otra vez con ellos. En tal misión empleó toda su sabiduría de paisajista y nos dejó como legado ciento diecinueve xilografías, grabados sobre madera, que suponen una excepcional manera de viajar por el Tokio de antes, tan diferente al Tokio de hoy, y sin embargo reconocible en muchos detalles.

Hiroshige fue uno de los máximos exponentes del *ukiyo-e* un género de grabados en los que el paisaje era el motivo principal. El término *ukiyo-e* viene a significar 'mundo flotante' y, de alguna manera, nos sirve como metáfora para descubrir una de las principales virtudes de Hiroshige: su mágica habilidad para captar la atmósfera de lo que refleja en sus grabados. No se trata solo de dar testimonio de la manera en que viven sus vecinos, el mérito está también en transmitir el ambiente y la intrahistoria de esas personas que peleaban por asimilar tanto cambio en tan poco tiempo.

Lo mejor es repasar todas las imágenes que componen la estupenda serie, donde comprobaremos también la influencia del «japonismo» en, por ejemplo, el impresionismo y el postimpresionismo. No hay más que comparar el grabado número 58 de la serie, titulado *El puente Ohashi en Atake bajo una lluvia repentina,* con la interpretación que hizo Van Gogh en su *Puente bajo la lluvia*; un Van Gogh que llegó a decir que con «ojos japoneses se veía mejor».

Utagawa Hiroshige

Ese título, además, nos proporciona otra de las claves de estos trabajos de Hiroshige, que tienen mucho de periodístico: su capacidad para registrar lo repentino, algo propio de los medios de comunicación. De alguna manera Hirosighe quería captar el momento preciso, consciente de que muchos momentos precisos pueden parecerse a la realidad a pesar de que él la idealice o busque un encuadre imposible para el ojo humano. Todo en esta serie es idealmente real o realmente idealizado, pero todo, de algún modo, tuvo que ocurrir en algún momento concreto y en un paisaje concreto. Porque para Hiroshige el paisaje no es un mero relleno sin importancia, sino que es, en muchas ocasiones, el foco principal de la obra, algo de lo que tomarán nota en Europa.

Todos estos grabados son como poemas pintados, poemas que tranquilizan e invitan a la relajación, y a observar y a meditar. De hecho, la meditación es otro de sus ejes. No hay ruido en estos grabados, respiran armonía y sensación de paz. Podemos —como el significado de *ukiyo-e* sugiere— flotar en ellos, oler los almendros y el arroz con hojas de *shiso* que nos ofrece uno de los vendedores ambulantes que venden sus productos en los puestos de algunas de las estampas. Deseamos sentarnos —regresando a la imagen que nos acompaña—, a tomar un té debajo de un almendro que acaba de florecer, mientras observamos al fondo el monte Tsukuba con sus características cimas que parecen las jorobas de un camello lejano. No es mala manera de conocer Tokio echar mano de estos dibujos y jugar a ver si ese «espíritu», cuya captación es uno de los grandes méritos de este artista, continúa vivo. Si no pueden ir a Japón pronto, les recomiendo el trabajo del fotógrafo Kichiya, que se propuso ir fotografiando cada una de las famosas vistas que reprodujo Hiroshige desde el mismo sitio y en la misma época del año.

De la vida personal de Utagawa Hiroshige no se sabe mucho. Nació en 1797, en el seno de una familia perteneciente a la clase baja de los samurais, y pronto mostró su buena aptitud en dibujo. Después de pasar por una escuela se convirtió en un prolífico grabador con taller propio y discípulos a su cargo. Se cree que se casó dos veces y se sabe que realizó más de cinco mil xilografías y que se convirtió al budismo mediante el clásico ritual de afeitarse la cabeza. Murió en 1858 durante una epidemia de cólera que asoló la ciudad de Tokio, esa Tokio a la que los desastres parece que nunca han dado tregua.

Utagawa Hiroshige

Retrato de Madame X

JOHN SINGER SARGENT
1884

Estuvo inquieto toda la noche, no podía conciliar el sueño. Imaginaba a Virginie de todas las maneras posibles y en todas las poses que se le pudieron pasar por la cabeza. La pondría de pie o sentada, con los brazos caídos o con algo para entretenerlos. Dejaría caer el pelo sobre sus hombros o lo llevaría recogido; luciría joyas o dejaría la piel desnuda, sugerente. Llevaba muchos meses esperando el día que estaba a punto de empezar. Virginie Gautreau le había dado el sí unos meses antes, después de rechazar decenas de peticiones similares. Pero no era fácil mantener una sesión de trabajo seria con ella. Los días fueron pasando y aquel invierno de 1883 se consumía sin ningún avance, hasta que recibió el mensaje de que se presentara en la casa de verano que Virginie y su marido, el banquero Pierre Gautreau, habían comprado en Bretaña.

Sargent era consciente de que Virginie le utilizaba. Si el retrato salía bien supondría su aceptación en la alta y peculiar sociedad parisina. Para ella no era fácil. Tenía el dinero necesario y cuidaba cada milímetro de su cuerpo para ser admirada, pero el hecho de ser una criolla recién llegada de Estados Unidos levantaba demasiados recelos. Bien es cierto que tampoco ayudaba su gusto por los hombres. Eran conocidas sus infidelidades, lo que le granjeó la animadversión de muchas mujeres.

Para John Singer Sargent, pintar a la dama de la que todo París hablaba era una oportunidad única de establecerse

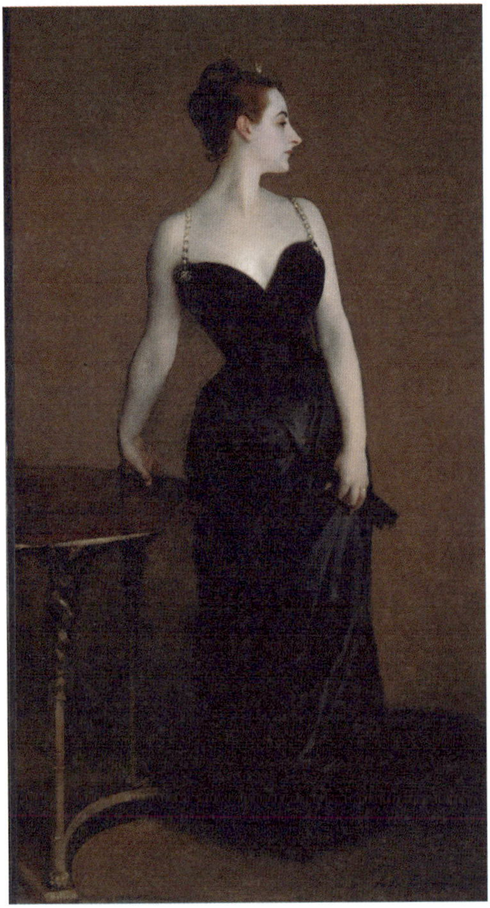 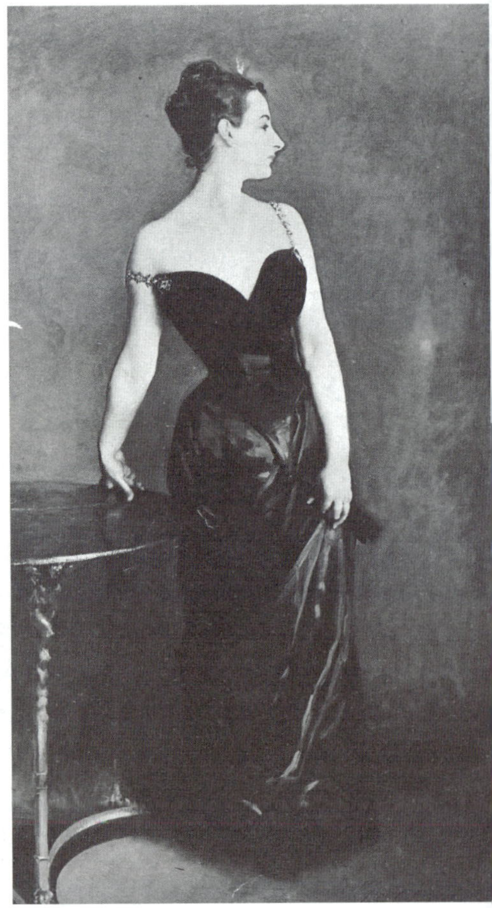

definitivamente en la ciudad y recibir encargos de la, casi siempre, egocéntrica alta burguesía, dispuesta a pagar copiosas cantidades de dinero por ver sus retratos colgados de la pared de sus salones. Así que se trataba de un negocio a medias, a los dos les convenía. Era un favor entre extranjeros que intentan abrirse camino en la línea enemiga, dos americanos que quieren comerse una ciudad, moderna de fachada, pero con muchos prejuicios en su interior.

John Singer Sargent

Al llegar a la puerta de la imponente mansión su corazón empezó a latir descontrolado. Los nudillos golpearon la madera maciza y, al poco, escuchó unos pasos. Abrió un mayordomo que le indicó la dirección hacia las escaleras.

—Cuando llegue arriba, espere. La señora Gautreau saldrá enseguida.

Virginie terminaba de empolvarse el cuerpo. La palidez era casi una obsesión. Cuanto más blanca fuera su piel, más aristocrática sería. Se dibujó la ceja, una leve línea que se arqueaba siempre un poco al llegar a la frontera con la sien.

Se saludaron. Ella pidió disculpas por los retrasos y le advirtió que no le sería fácil encontrar mucho tiempo libre, pues tenía que atender al personal de la casa, numerosos compromisos sociales y a su marido.

—¿Cómo quiere que vaya vestida?

—Déjeme ver su vestidor.

Sacó un vestido negro, largo, con dos tirantes. Un vestido con un corpiño en el que costaba creer que alguien pudiese meterse, y más todavía, respirar. Ella accedió.

—Le pediría también si puede recogerse el pelo y colocarse esta tiara.

—Claro, usted es el que manda.

Al poco ella reapareció, y a él se le volvió a acelerar el pulso. El vestido parecía pintado sobre su cuerpo. El negro contrastaba de tal manera con su piel que parecían dos mundos a punto de entrar en colisión. La distancia desde el cuello hasta el pecho era un enorme océano blanco, luego volvía el negro y el vestido respiraba de cintura para abajo.

—Bien, lo haremos en este rincón. Me gustaría probar con una postura diferente a la habitual. ¿Le importa mirar hacia su izquierda? Bien. ¿Y apoyar la mano derecha en esa mesita? Perfecto. Ahora, con la izquierda, recoja el vestido, como si no quisiera que tocase el suelo.

—Usted es americano. ¿De dónde?

—En realidad siempre digo que soy un americano de Florencia. Durante un viaje de mis padres por Europa, una epidemia de cólera hizo que tuviesen que quedarse confinados en Italia. Y ahí nací yo.

—¡Qué curioso!

Al contrario que el ficcionado texto que acompaña a este capítulo, Sargent hizo numerosos dibujos preparatorios que demuestran que la postura de la modelo supuso para él un verdadero quebradero de cabeza. Estudioso del Renacimiento, encontró la solución en un fresco manierista de Salviati, *Betsabé reunida con el rey David*. Si lo buscan, comprobarán cómo les recuerda rápidamente el gesto, la tensión y la pose. Pero esa no iba a ser ni la única —ni la mayor— preocupación para modelo y artista.

Pocas veces un retrato ha dado tanto que hablar en la historia del arte. Un retrato destinado a convertirse en el gran cuadro del salón de París de 1884, la obra que iba a encumbrar a John Sargent Singer. Partía con la ventaja de haber logrado retratar a la mujer que todo artista quería retratar. Le costó convencerla, y mucho más pintarla. El artista llegó a la admirada y envidiada dama a través del doctor Pozzi, a quien había retratado años antes y de quien se rumoreaba que había tenido un *affaire* con ella. De hecho, en los periódicos sensacionalistas de la época aparecían frecuentes menciones a Virginie y sus aventuras extramatrimoniales. A ella no le gustaba posar y sorprendía siempre con alguna excusa para interrumpir las sesiones o posponerlas. Era el primer «no encargo» al que se enfrentaba Sargent; tenía la complicidad de Virginie, pero no un encargo en firme, así que tampoco podía exigirle demasiada disciplina.

John Singer Sargent

Pero ambos perseguían un objetivo: ella, el de ser respetada por la alta sociedad parisina; él, seguir pintando a esa alta sociedad para vivir holgadamente, a pesar de ser ya un pintor cotizado y valorado.

Sin saber exactamente cómo, todo se volvió en su contra. El cuadro fue muy criticado y levantó un gran revuelo, sobre todo por uno de los tirantes del vestido de Virginie, que resbalaba de su hombro. Tan ácidas llegaron a ser las críticas que Sargent repintó el cuadro, colocando el tirante donde lo vemos actualmente; eso sí, siempre se negó a retocar el escote. Es curioso ver cómo cambia la percepción de una obra de arte dependiendo de la época y del contexto en el que se realizó. Lo que hace un siglo pudo parecer indecoroso hoy es algo totalmente normal o no despierta ningún tipo de animadversión. Es la historia la que juzga el arte, no un puñado de ojos en un momento concreto. El tiempo pone cada pincelada en su sitio y en la actualidad este retrato está considerado una de las grandes obras del siglo XIX. Juzguemos las cosas con una mirada amplia, alejada del reduccionismo de una época concreta.

El cuadro produjo justo el efecto contrario al deseado. Esa sociedad que parecía moderna no estaba dispuesta a aplaudir un lienzo que exaltaba la belleza femenina sin ningún tipo de sumisión. El machismo imperante quería a la mujer bella, pero no protagonista; quería ver sensualidad, desnudos incluso, pero en mujeres lejanas y no reconocibles, con las que no fueras a cruzarte un día por la calle. No se veía con buenos ojos la palidez azulada de alguien que se saltaba las normas establecidas y vivía ajena a la corrección imperante. Las mentes supuestamente abiertas de aquellos años se mofaban y se llevaban las manos a la cabeza cada vez que veían un cuadro que, en un principio, dejó contentas a ambas partes.

Después de su exhibición, la reputación de Virginie cayó en picado, hasta el punto de que la leyenda cuenta que terminó recluida en una casa de la que mandó quitar todos los espejos para no verse nunca más. Una exageración, tal vez, pero que sirve para hacernos una idea del daño que puede hacer un tirante caído o unos ojos que miran mal.

A Sargent le dejaron de llegar encargos y «huyó» a Gran Bretaña, donde encontró de nuevo el rumbo de una carrera brillante. El título del cuadro quedó para siempre con una X, la señora X, aunque todo el mundo supiese quién era esa X. El cuadro y su historia han inspirado libros, e incluso un *ballet*.

El tirante volvió por arte de magia al hombro y el lienzo estuvo en poder de Sargent hasta que lo compró el Metropolitan de Nueva York. Él siempre dijo que era lo mejor que había pintado, aunque el precio fuese alto.

John Singer Sargent

Interior en la calle Strand. Luz del sol en el piso

VILHELM HAMMERSHØI

1901

No puedo ver si está leyendo o llorando, si el sueño la está venciendo o si simplemente se ha tomado un respiro en algún asunto, aunque no parece que haya mucho que hacer en ese escenario desnudo que es este hogar. No sabemos nada de esa mujer vestida de negro. ¿Es viuda y recuerda a su amado a esa hora del día? ¿Viste así porque se prepara para salir a algún teatro de la ciudad? ¿Espera que alguien llame a la puerta? ¿Ha recibido una carta largo tiempo esperada? Cada uno puede construir su historia. Por ejemplo:

El día fuera es soleado y su luz se cuela en la estancia y se proyecta en el suelo, como una ventana más por la que también nos podemos asomar. El día fuera es quieto y calmado, como vienen siendo todos los días. El día está lleno de una luz que lo ilumina todo, menos a ella.

Igual esa mujer que no nos mirará nunca se acaba de levantar del suelo. Ha estado recostada justo donde ahora se dibuja esa ventana. Se ha dado un baño de sol para intentar paliar la palidez que le ha dejado en el rostro un invierno en el que ese sol ha sido casi imposible de encontrar. El hogar desnudo, sin interferencias, le aporta la tranquilidad necesaria para mantener el espíritu ordenado. Solo la luz tiene permiso para entrar.

En un rato abrirá la ventana para contemplar desde su atalaya una ciudad que se echa a la calle con la llegada del verano. La gente paseará y reirá, los comercios se llenarán y el murmullo trepará por las paredes del edificio hasta llegar a sus oídos. Y ella jugará a rellenar los infinitos puntos suspensivos, a imaginar las vivencias de cada uno de los transeúntes que esa tarde de junio han decidido aventurarse a la calle.

Y no es una exageración: ella ve como una aventura salir a la calle. Lleva semanas sin hacerlo. Se ha acostumbrado a esperar, no sabe qué, pero a esperar. ¿Y si sale y en ese momento llega el empleado de Correos y no la encuentra? No puede arriesgarse a faltar, son ya demasiados meses sin tener noticias. ¿Habrá muerto? ¿Habrá decidido emprender una nueva vida lejos de Copenhague, en América quizá? ¿Habrá pasado en algún momento por debajo de esa ventana y, al mirar para arriba, quizá ha visto su silueta y no se ha atrevido a subir? ¿Qué pasó aquel día? No lo explica en esa última carta de hace un año. Por más que la lee no encuentra nada que justifique ni la partida ni la ausencia prolongada que la está consumiendo.

En el arranque de todos los capítulos de este libro, que viaja de la ficción a la realidad, estamos viendo que el buen arte hace volar la imaginación y que, en muchas ocasiones, más que responder preguntas, las plantea. Y la respuesta a una pregunta vuelve a plantear otra pregunta, que genera una posible respuesta, de la que a su vez nace otro interrogante, para, al final, hacer que nos perdamos en un mar de dudas razonables y certezas inconsistentes. Un cuadro siempre termina en los ojos de quien lo mira.

Vilhelm Hammershøi

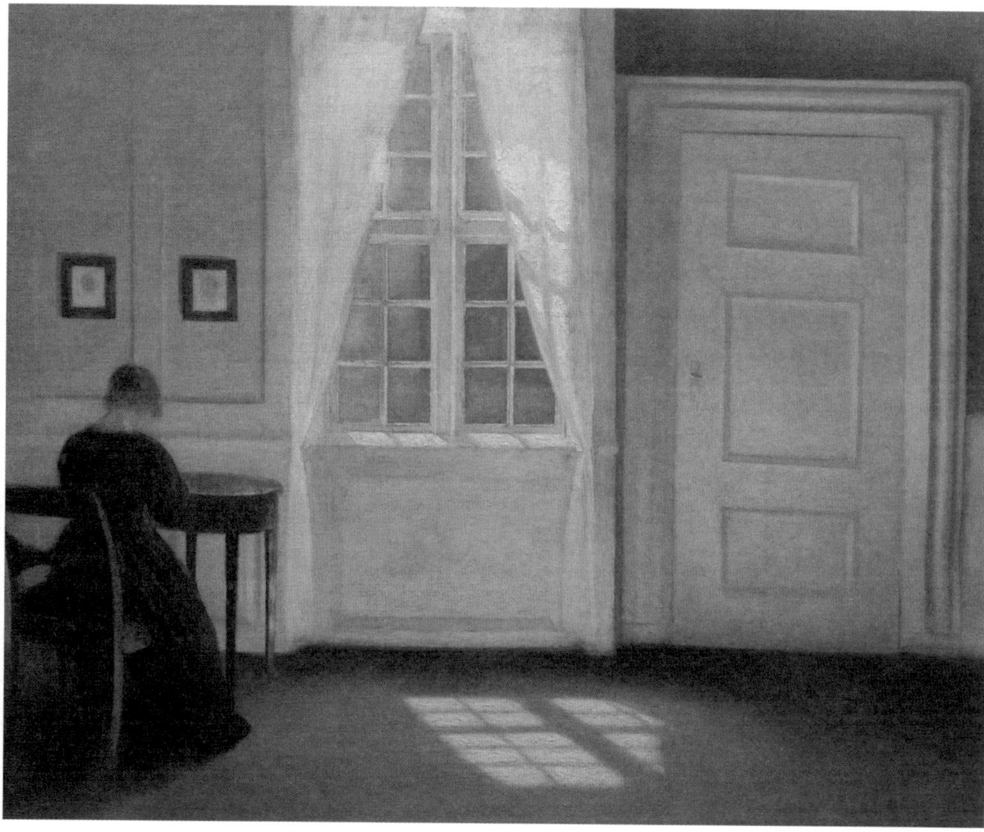

La obra de Vilhelm Hammershøi, sobre todo los interiores que protagonizan gran parte de su producción, está llena de interrogantes, de misterio y, por tanto, de preguntas. Sus cuadros transmiten, al mismo tiempo, paz e inquietud. Son bellísimos de ver, pero, una vez que el ojo los ha examinado, se activa el cerebro y empieza la incertidumbre. Empezamos diciendo lo bonita que es la luz, el juego de cortinas que atenúan su paso, pero enseguida nos preguntamos por la soledad que transmite la mujer o por la ausencia de los enseres habituales en un hogar.

Esa desnudez es el denominador común en toda la obra de este artista danés que trabajó a caballo entre dos siglos, finales del XIX y principios del XX. Aunque también realizó paisajes y algún desnudo, convirtió su propia casa en su principal modelo, en ocasiones con la presencia de su mujer y muchas veces sin nada más que la luz, alguna puerta y todos los signos de interrogación posibles. La trayectoria pictórica de Hammershøi tiene como punto de inflexión su llegada al número 30 de la calle de Strandgade, en el barrio de Christianshavn (ahora integrado en Copenhague), a la que sería su casa durante años y que decidió no dejar de pintar desde todos los ángulos posibles y con todos los matices imaginables. Nada más mudarse allí quiso que el blanco y el gris se hicieran dueños de las paredes.

Este artista danés, al que la historia no ha reconocido como debiera, bebe, como habrán adivinado, de ilustres como Vermeer —su *Ida leyendo una carta* es directamente Vermeer doscientos años después— y de su pasión por lo cotidiano y lo interior, pero llevando al límite el minimalismo de lo representado para abrazar un simbolismo que, en algunos casos, se acerca a la abstracción, al menos en cuanto a significado. Su obra es un elogio del silencio. El ruido queda siempre al otro lado de una ventana que permanece cerrada; el silencio vuela dentro de sus habitaciones, en las que incluso vemos flotar el polvo. Busquen la impresionante *La danza del polvo en los rayos del sol*, en la que esas motas de polvo, que creíamos imposibles de pintar, aparecen levitando en esta misma habitación pero sin la presencia de su mujer, Ida, y con las paredes más desnudas si cabe. Un ejercicio que deja boquiabierto.

En todas estas habitaciones domina la línea. Ese era, según sus propias palabras, el principal motivo para decidirse a pintar una escena y en esa casa encontró las líneas que dibujaba el sol, las líneas de las paredes, las líneas talladas en las puertas.

Vilhelm Hammershøi

En la Dinamarca de principios del siglo xx había otros pintores dedicados a retratar interiores, a reflejar lo mundano, no habiendo nada más mundano que el salón de nuestras propias casas. Son maravillosos, por ejemplo, los interiores de Peter Ilsted, pero en su caso el cuadro termina en el ojo, en la mirada, y rara vez traspasa el cerebro, como decíamos que pasaba con Hammershøi. Las escenas de Ilsted no nos inquietan; simplemente nos llenan de placer, pero no de preguntas. Son escenas más amables y cálidas, nos invitan a entrar directamente; en las de Hammershøi nos lo pensamos un poco antes de dar el primer paso.

Existen fotografías del artista y su esposa, en su casa, donde podemos comprobar que tenían más muebles y enseres domésticos para el día a día, lo que nos lleva a valorar la capacidad que tenía Hammershøi para eliminar de sus cuadros todo lo que consideraba redundante. Iba desnudando paredes y estancias hasta dejar el escenario como un lugar en el que no sabemos si todo va a pasar o todo ha pasado ya.

Que Vilhelm Hammershøi se dedicara al arte se lo debemos en gran parte a su madre, Frederikke, su más devota admiradora, como suele suceder con casi todas las madres. A Frederikke la retrató en dos ocasiones, una de ellas al estilo de una de sus mayores influencias, Whistler.

En contra de lo que podamos pensar, Hammershøi no fue un hombre kafkiano. Viajó por el mundo para comprobar que el mundo se podía pintar en el salón de su propia casa. A pesar de no ser muy considerado después de su muerte por eso tan subjetivo y a veces injusto que son las modas, de un tiempo a esta parte se ha ido recuperando su figura.

Para quien tenga la tentación de tacharle de simple —aunque dudo que alguien lo haga—, no estaría mal comentar que en 2012, durante la restauración de este cuadro, el equipo que intervino encontró cuarenta tipos diferentes de blanco. El blanco es el color por excelencia de la simplicidad —bien entendida, claro—, el color de la sencillez y de la perfección. Yo no sabía que el blanco podía llegar a tener cuarenta tonalidades distintas.

Blanco abedul, blanco alabastro, blanco albino, blanco de Krems, blanco lechoso, blanco de luna, blanco nácar, blanco nieve, blanco perla, blanco tiza, blanco viejo, blanco yeso, ultrablanco...

Suficiente blanco.

Cuarenta blancos para invitarnos a pasar un rato asomados a su ventana y hacernos alguna que otra pregunta.

Los pichones

PABLO PICASSO

1957

Terminaba extenuado cada jornada, con la sensación de haber perdido varios kilos y de no saber exactamente cuándo concluiría. Eran tantos los matices y las aproximaciones que podía hacer a la obra de Velázquez que al acabar una surgía otra, sin tiempo para la pausa. Le obsesionaban la infanta Margarita y el movimiento de Isabel de Velasco. Aquellos días había abandonado ya el blanco y negro de las primeras interpretaciones y empezaba a abrir su paleta a una pequeña variedad cromática. No admitía interrupciones, no permitía que nadie le molestara. Solo paraba cuando el estómago lo pedía y para encender algún cigarro, que optaba por fumarse tranquilo para tomar distancia.

En uno de esos pequeños descansos se asomó por la ventana y reparó en el Mediterráneo, el mismo mar que baña su Málaga natal. El arrullo de las palomas le acompañaba durante casi todas las horas de trabajo. Un año antes había mandado construir un palomar. Siempre quería sentir palomas cerca, era una manera de viajar a la niñez. En ese instante, tres o cuatro pichones descansaban en el balcón. Al dar unos pasos atrás, para no intimidarlos, comprobó cómo la línea del jardín se fundía con el mar propiciando un estallido de verdes y azules antagónico de la obra que le tenía secuestrado. Hizo un pequeño bosquejo de aquella escena con el lápiz. Un coche que pasó cerca asustó a una de las palomas, que emprendió el vuelo. Él la cazó sobre el papel.

Por un momento su mente se olvidó de *Las meninas* y pudo disfrutar de aquellas vistas y del aire con olor a mar de un mes de septiembre todavía caluroso. Aquella sería su terapia, su vía de escape de la titánica labor que se había impuesto a sí mismo: salir de La Californie con el homenaje a Velázquez terminado, el homenaje a uno de sus dioses y a esa obra que vio por primera vez siendo un crío y ante la que cayó rendido de inmediato. Él, que con la creación del cubismo había hecho añicos la historia reciente del arte, se siente en deuda con el pasado. Reescribir a los clásicos, mirar atrás, puede ser el mayor síntoma de modernidad. Fundir el ayer y el hoy.

Se hace tarde. Por la ventana empieza a entrar algo de oscuridad. Mañana terminará esos pichones; sus meninas, no sabe cuándo. Quizá antes de que acabe el año, no hay plazo establecido. En esa casa tiene la calma que ansiaba, alejado de los círculos artísticos —y, en ocasiones, pedantes— a los que está acostumbrado.

Infantas, mar y palomas. Tiene todo lo que necesita.

En 1957 Pablo Picasso tenía setenta y cinco años y era, probablemente, el artista vivo más importante del mundo. El más moderno, el más admirado, el más imitado. El tipo capaz de reescribir la historia del arte, de inventar junto a Braque el cubismo y, con él, una manera diferente de pintar la realidad, sin por ello abandonar nunca el arte figurativo.

El más contemporáneo de los contemporáneos se paraba, sin embargo, a menudo a mirar atrás y dialogar con grandes maestros para reinterpretar sus obras y, de esa forma, seguir siendo el más adelantado. Picasso tenía ante sí el reto de versionar el cuadro de los cuadros, *Las meninas,* de entrar en él

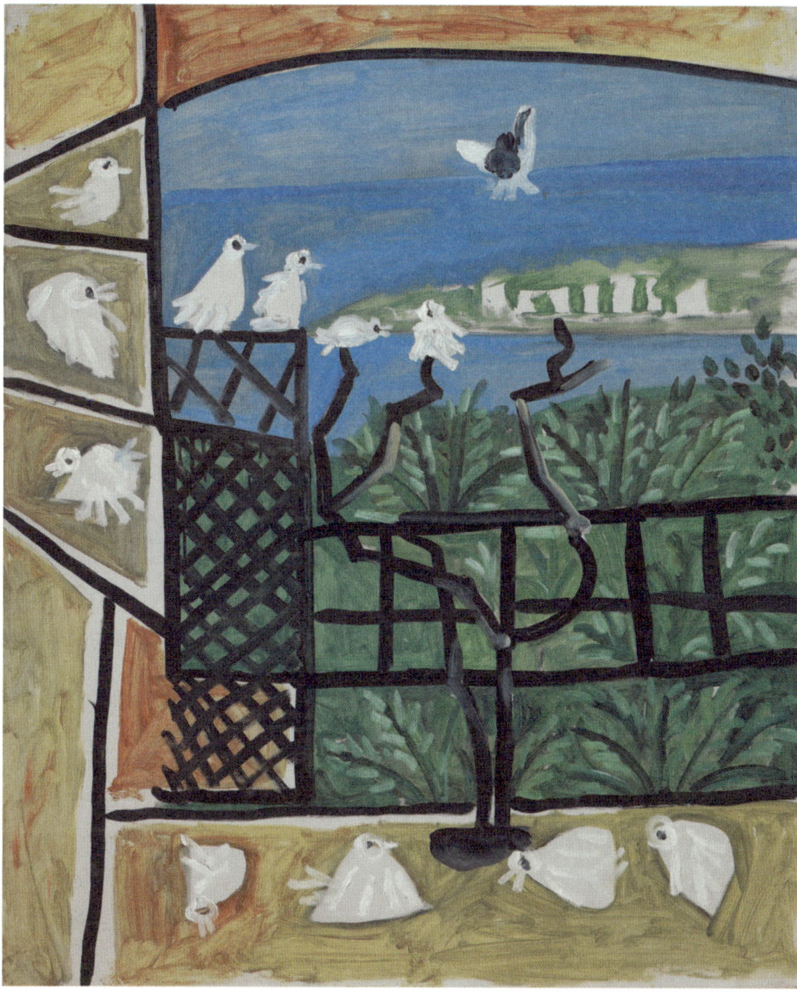

para deconstruirlo, de coger la obra más importante de la pintura española, hacerla suya y hacer estallar la realidad que solía pintar, fuese figurativa o cubista, porque ahora la realidad no existía. En aquellos días de 1957 *Las meninas* cumplían trescientos años y Velázquez se había convertido en su modelo. Solo alguien muy seguro de sí mismo o alguien que ocupa el trono del arte puede emprender semejante tarea y salir airoso de ella.

Las meninas tenía para Picasso un significado especial. Lo vio por primera vez en 1895, con doce o trece años, cuando fue con su padre al Museo del Prado, y le dejó marcado para siempre. La cartela que acompañaba al cuadro, «Obra culminante de la pintura universal», se le quedó grabada en la memoria. El chaval que tiempo después sería director del Museo del Prado, nombrado por el Gobierno de la II República de forma testimonial, es probable que en ese instante decidiera que algún día se enfrentaría cara a cara a esa «obra culminante».

Ese cara a cara se produjo años después, en La Californie, la villa que Picasso había comprado en la Costa Azul, sobre la bahía de Cannes. Allí pasaría de agosto a diciembre de 1957 reinterpretando *Las meninas* en una *suite* de cuarenta y cinco obras y, durante los descansos, pintando palomas: nueve telas realizadas entre el 6 y el 14 de septiembre. Uno de esos días bien pudo ser el que se describe al principio.

Así que la obra elegida para este capítulo es una obra de paz en medio de la guerra, de descanso en el fragor de la batalla. Un cuadro convertido en el lugar donde refugiarse de la sombra de Velázquez. Los pichones suponen una bocanada de aire, una corriente llena de color para contrarrestar el peso emocional de la anterior. Alivio en el fragor de la batalla.

Y lo pintó en Cannes, una ciudad con un sabor especial para los amantes del cine, una ciudad que tiene una calle —el boulevard de la Croisette— y unas colinas salpicadas por villas donde los más privilegiados ven el mar con perspectiva. En una de ellas habitó Picasso durante los que, afirmaba, fueron los cinco años más felices de su vida. Allí se construyó un enorme taller con balcón desde el que podía divisar el Golfe-Juan y Antibes y observar el palomar. En ese balcón daba algo de comer a alguna de las aves que acudían a ver lo que pintaba.

Las palomas son el animal picassiano por excelencia y, aunque suene a exageración, quién sabe si Picasso no hubiese sido Picasso sin las palomas.

Cuando el niño Pablo empezó a demostrar aptitudes para el dibujo, su padre, José Ruiz Blasco, un profesor de dibujo de Málaga y pintor sin mucha fortuna, le decía que pintara palomas y, sobre todo, que se esmerara en las patas del animal. La colombofilia ha acompañado siempre al genio. En 1949, un dibujo suyo de una paloma que porta una rama de olivo se convirtió en el cartel del Congreso Mundial de la Paz y, justo un año después, tuvo una hija con Françoise Gilot, a la que pusieron de nombre —¿adivinan?— Paloma.

Por eso esta obra siempre me ha parecido significativa, porque, además de estar hecha en un momento vital y profesional importantísimo, demuestra la añoranza, o la importancia, que el pasado tiene para un Picasso destinado a comerse el futuro. Da igual cuando se lea esto, siempre se comerá el futuro que esté por llegar y que entrará por la ventana, otro de los temas recurrentes en algunos de sus trabajos. La ventana como vía de escape, como sitio por el que se cuela el mundo que está fuera del taller, un mundo lejano a veces, cambiante siempre. Una ventana que invita a asomarse para comprobar que todo sigue en su sitio aunque nada permanezca mucho tiempo.

Los diferentes palomares que dibujó en los descansos forman parte de la *suite* completa de *Las meninas*. Así lo veía el artista, que en 1968 donó sus cuarenta y cinco interpretaciones del lienzo de Velázquez, los nueve cuadros de pichones y un retrato de Jacqueline al museo de Barcelona que lleva su nombre.

En esa villa de Cannes, el hombre que se medía con Velázquez miraba también al niño que fue y, observando esa ventana, puede que se le ocurriera una de las frases más brillantes del mundo del arte y que resume muy bien su espíritu creativo: «Tardé cuatro años en pintar como Rafael, pero me llevó toda la vida aprender a dibujar como un niño».

Ese mismo año de 1957, un grupo de devotos artistas que se hacían llamar «La peña Montmartre» peregrinó en una vieja furgoneta desde Málaga a Cannes, cargada con productos de la tierra, con la ilusión de poder ver a su mayor ídolo. La furgoneta aparcó en la puerta de La Californie y, aunque Jacqueline actuaba muchas veces como una especie de inspector de fronteras entre los admiradores y el pintor, y a pesar de lo concentrado y ocupado que siempre estaba, lograron charlar con él.

Lo primero que les preguntó Picasso era si todavía había palomas en la plaza de la Merced.

El vagón de tercera clase

HONORÉ DAUMIER

1864

La jornada ha sido dura, durísima. No ha habido lugar para el respiro. Las manos reflejan los estragos de un frío convertido en el peor enemigo. Los ojos se entornan, apenas aguantan ya abiertos; a esa hora los párpados pesan como si fuesen de plomo. El día comenzó, como todos los días, al alba, en un tren de ida que nos dejaba de nuevo en mitad de una tierra por hacer. El murmullo del resto de pasajeros, sus palabras, me llegan diluidas, como si fuesen irreales. Hablan de política y de revolución, oigo gritar «¡Guillotina!» y se eleva el tono de la conversación. Pero yo viajo embebida en unos pensamientos que me llevan lejos de ese vagón, lejos de ese tren, lejos de ese presente. Me llevan a mi niñez y a la sensación de seguridad que me daban los brazos de mi padre. Mi pobre nieto, a mi lado, mama feliz en ese vagón infecto de tristeza y miseria. ¿Qué será de él, qué será de todos nosotros?

Si se fijan, no voy mirando al frente, no miro a ningún sitio. Miro a un punto donde no hay nada, al único lugar donde mi visión no se cruza con la de otros pasajeros que son como yo. No quiero verme reflejada en el de enfrente, no quiero verme delante de un espejo, no quiero ver mi imagen proyectada en alguna de esas cientos de personas que cada día cogemos este tren, dormidas por la mañana y derrotadas por la noche en el regreso.

Es tan grande el cansancio que el asiento de madera hasta me parece cómodo. Vivo anestesiada frente a las molestias cotidianas. Yo y todos los que ven somos los mejores representantes de la tercera clase: la que siempre va al final, la última en bajarse, la última en terminar el día, la última en otras tantas cosas. A solo unos metros de nosotros hay seres de otro mundo. Cómodamente sentados, respiran otro aire y sus caras son tan diferentes que parecemos de universos distintos. Me los cruzo al apearme. Noto cómo esquivan los posibles roces conmigo o con el niño, otro nieto para el que la vida no será sencilla. Somos la tercera clase de una sociedad perfectamente compartimentada en la que casi no hay posibilidad de prosperar.

Cuando naces no sabes cuál es tu vagón, viajas cómodo en el que sea. Pero esa sensación dura poco. En cuanto pasan los años te das cuenta de que te tocó el peor billete y tu único consuelo es pensar que nunca probaste las comodidades de primera clase, así que no las echarás de menos.

Me duermo. Despertaré en breve, cuando lleguemos a un París sin luz para mí.

Es probable que la señora situada en el centro de la escena vaya pensando en todo eso, o quizá solo piense en llegar a casa y poder descansar un rato antes de tener que volver a coger el tren en sentido contrario, cuando la noche todavía no ha terminado.

Siempre que veo este cuadro pienso lo mismo: esa señora es el presente que roza el pasado y que está casi derrotado. Viaja despierta porque no tiene ya fuerzas ni para dormir. Un pasado presente que ya no podrá cambiar el futuro. El presente de

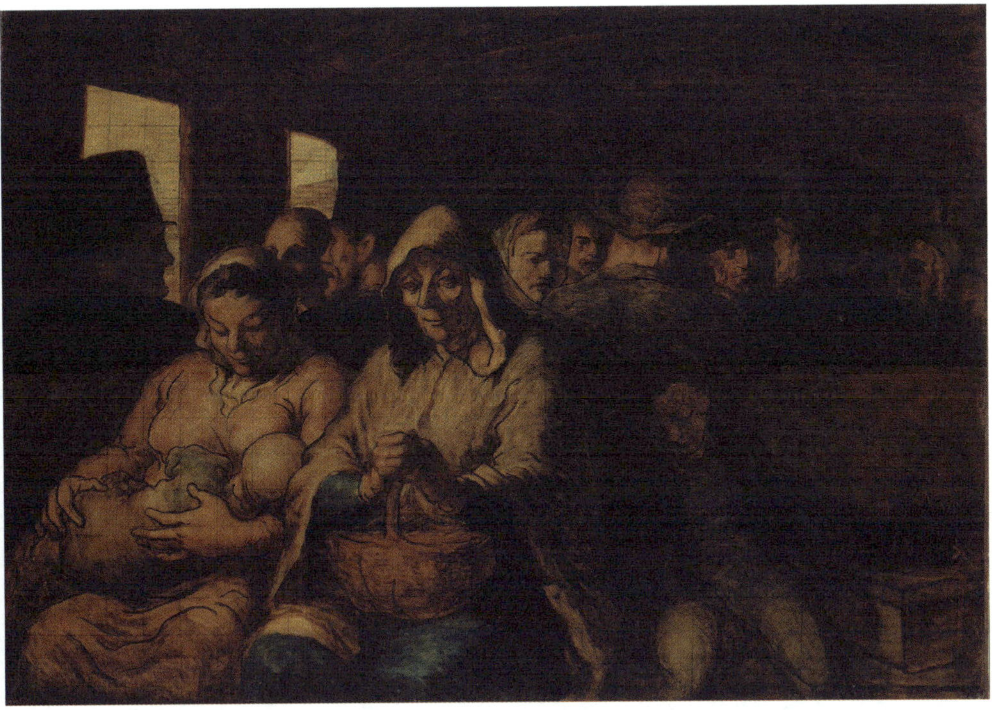

verdad es la chica que amamanta al bebé, un presente cabizbajo que parece resignado a sobrevivir como única meta alcanzable. El futuro es el niño que se apoya en la anciana, un futuro dormido, un futuro que no sabemos si sueña o incluso si quiere despertar. No hay nada peor para una sociedad que un pasado derrotado, un presente cabizbajo y un futuro dormido.

De retratar la realidad sin adornos sabía mucho Honoré Daumier, dibujante, pintor, escultor y caricaturista. Si se fijan en este cuadro, no les sorprenderá que Daumier pasara horas y horas en el Museo del Louvre, copiando a los grandes maestros como Rembrandt. Si se fijan, parece muy probable que quedara impresionado sobre todo por esa última etapa de Rembrandt que ya hemos visto en otro capítulo, una etapa más oscura y sombría. Tampoco resulta extraño imaginar que Goya debió marcarle: si uno viaja al fondo del cuadro, a los personajes que se amontonan desdibujados detrás, intuye ecos de las Pinturas Negras y otras influencias del pintor español.

Daumier era ante todo dibujante y crítico con el poder. Hijo de un vidriero, desde pequeño tuvo que ponerse a trabajar para subsistir y pronto adquirió conciencia social. Entre trabajo y trabajo empezó a dar clases de dibujo en una academia. Por suerte, se fijó en su talento Alexandre Lenoir, fundador del Museo de Monumentos Franceses, un tipo que tiene una historia por sí solo porque se dedicó a salvar monumentos durante la Revolución Francesa.

Conviene recordar, o al menos mencionar, el ambiente en el que creció el joven Daumier, un hijo de la postrevolución francesa que pudo comprobar cómo las desigualdades continuaron vigentes muchos años después. Su juventud fue atropellada por el reinado de Luis Felipe I, del que basta decir que llevó el sobrenombre de «Rey de los banqueros». Un rey nacido de otra revolución, la de 1830 —que provocó la abdicación de Carlos X—, y al que otra revolución hizo caer, la de 1848; por eso la historia le conoce también como el «Rey de las barricadas». Luis Felipe favoreció a la burguesía, a la alta burguesía. Durante su reinado los trabajadores y los campesinos van a peor; nace el proletariado y aumenta así la gente que se ve obligada a dar con sus huesos en el vagón de tercera clase.

Daumier fue un artista valiente, un hombre que tenía como armas un lápiz y su imaginación. En 1832, una de sus caricaturas más célebres, «Gargantúa», le costó seis meses de cárcel. En ella vemos a Luis Felipe con forma de pera, orondo y comilón, sentado en un orinal en la plaza de la Concordia. Daumier fue pionero en utilizar la sátira en los medios de comunicación. Sus trabajos se publicaron en *Le Charivari* y *La Caricature*. Toda su obra está protagonizada por la condición humana, por las denuncias contra los abusos de poder. Denunciaba y denunciaba, incansable, desoyendo a quienes le advertían de los problemas que podría traerle un simple dibujo. Por eso no es de extrañar que retratara ese vagón y a esa gente, a esa señora y a esos niños. Consciente de que en ese tren viajaba una gran parte de la sociedad, esa parte que vive oprimida, condenada a no mirar lejos, a no mirar más allá de ese día ni pensar en la siguiente estación.

Popular durante gran parte de su vida, se le llegó a definir como «el Miguel Ángel de la caricatura». Parte de la élite cultural francesa le negó, sin embargo, esa etiqueta que no sabemos exactamente ni lo que significa ni quién la otorga, y que es la etiqueta de artista. Le negaban sus virtudes por ese reconocimiento del pueblo y por el aspecto inacabado de muchas de sus obras, que beben también de Rubens y que nos llevan a Millet. Arruinado, y ciego por el uso de los ácidos necesarios para hacer sus litografías —casi cinco mil a lo largo de su vida—, pasó sus últimos días en una casa prestada por Corot. No pudo acudir a una especie de exposición homenaje, organizada por amigos, que tenía como objetivo ayudarle económicamente. Una exposición auspiciada, entre otros, por Victor Hugo, que no fue el éxito que se esperaba. Moriría ocho meses más tarde, el diez de febrero de 1879, en Valmondois.

El tren llega a su destino, es de noche en la ciudad. La abuela tiene que tomar en brazos, como puede, al niño que sigue durmiendo. Siente de nuevo el dolor en cada uno de los huesos que dibujan su espalda. Sujeta la cesta donde reposa la que será su frugal cena; a su lado, su hija carga con el pequeño. Llegan por fin a la minúscula casa donde viven, en Montfermeil. Dormirán todos juntos, intentando darse calor con sus propios cuerpos, soñarán con otro mundo, con otro mañana, con viajar en otro vagón. Pero al día siguiente, antes de que salga el sol, todos volverán a la tercera clase. La anciana evitará de nuevo mirar al frente, intentará nuevamente distraer los pensamientos, consciente de que ella no viajará nunca en otro vagón que no sea ese. Quién sabe si el bebé logrará algún día bajarse de él.

Existen varias versiones de este cuadro o, mejor expresado, existen varios vagones de tercera clase pintados o dibujados por Daumier. En todos encontramos las caras de resignación, de cansancio y de derrota, y en todos hay siempre algún personaje durmiendo —uno quiere pensar que soñando—, buscando en sueños otros mundos lejos de ese tren, símbolo de un progreso que ellos no conocen.

La feria de caballos

ROSA BONHEUR
1852

—¡No quiero y no quiero! No me apetece. No me gusta la escuela ni lo que enseñan. Mamá, ya te lo he dicho cien veces, pero no me escuchas o no quieres escucharme: yo solo quiero pintar.

—Pero no puedes estar todo el día dibujando tus animales, hay que aprender otras cosas.

—Me da igual, pienso seguir pintando hasta que me canse. Y no me voy a cansar nunca. Adoro los caballos, y las vacas, y las ovejas. Bueno, adoro darles forma. Así que, como no me lleváis a verlos, pues cojo los libros que veo que tienen alguno y los copio.

—¿Y no te gustaría poder leer lo que dicen esos libros?

—No me hace falta, con ver las figuras me sobra. Y ahora déjame, anda, que quiero seguir.

El padre de Rosa intercedió, para disgusto de su madre

—Hija, ¿qué te parece si mañana damos un paseo por el campo e intentamos encontrar algún animal? Puedes llevarte tu cuaderno. Yo llevaré el mío y pintaremos cada uno lo que nos apetezca.

—¿De verdad? ¿Lo dices en serio?

—Sí, totalmente en serio.

La pequeña Rosa era feliz al aire libre y cerca de algún animal. Los miraba con detenimiento, los diseccionaba con sus diminutos ojos y tomaba apuntes rápidos para seguir luego en casa, cuando todos se habían acostado.

Después de la mañana en el campo, el padre de Rosa repasó el cuaderno de apuntes de su hija y quedó impresionado por la calidad de sus bocetos de animales. Las proporciones, el nivel de detalle y, sobre todo, la capacidad para captar el gesto le parecían algo sorprendente para una niña de ocho años. A partir de ese día la pintura fue el nuevo colegio de Rosa. Para que aprendiera a leer, por ejemplo, su madre inventó un juego en el que cada animal representaba una letra. Así, a los diez años, al fin Rosa sabía recitar el alfabeto.

Desde entonces pasaba horas y horas en las cercanías de su casa estudiando a esos animales a los que consagraría su futuro y que terminaría conociendo mejor que nadie. Un futuro que estaría dominado por el empeño y por una marcada personalidad a la hora de afrontar cualquier tipo de adversidad. «No quiero», «No me apetece», «Lo haré si me lo propongo» fueron, a buen seguro, frases que pronunció a menudo.

Para hacernos una idea del carácter de Rosa, para pintar este cuadro se empeñó en ver *in situ* lo que sucedía en las ferias de caballos. Quería documentarse y tomar todos los apuntes posibles, incluso pintar allí mismo la obra. Necesitaba captar el movimiento de los animales, la torsión de sus cuerpos, la tensión de sus músculos. El caballo era su animal favorito desde siempre. El problema era que, en aquellas ferias, la vestimenta femenina de la época resultaba muy poco apropiada; pero un problema todavía mayor fue que, en noviembre del año 1800, la Jefatura de Policía de París había emitido una ordenanza prohibiendo a las mujeres vestir con ropa de hombre: nada de pantalones. La norma se suavizó un poco años después, admitiendo

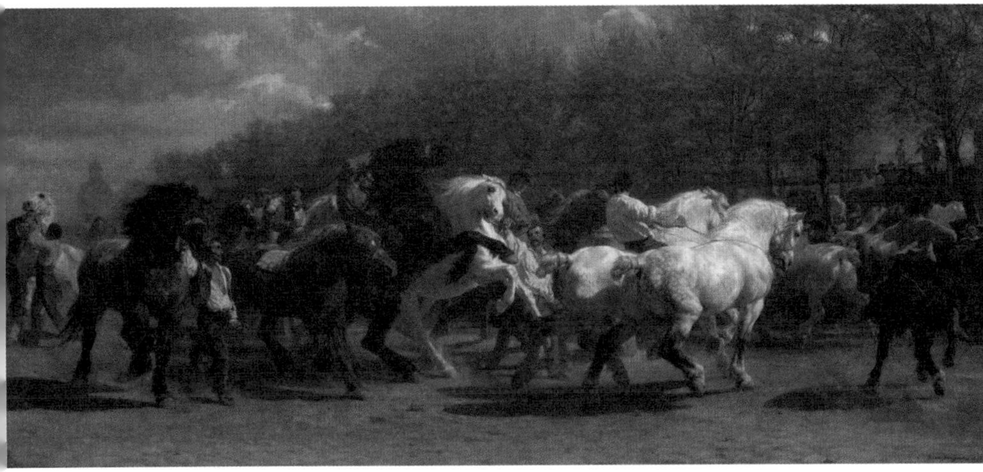

excepciones por motivos de salud. Así que allí que fue Rosa, a pedir permiso para vestirse como un hombre, porque no era plan de andar entre caballos y mataderos vestida de princesa. Le concedieron la autorización, conocida como «permiso de travestismo». Pintó el cuadro, lo presentó en el Salón de París de 1853 y la convirtió en lo que ya era: la pintora de animales por excelencia.

La vida de una artista siempre viene condicionada por el ambiente en el que creció y, como he comentado en varias ocasiones, por la sociedad del momento, que recibe sus obras de una manera o de otra. Rosa no lo tenía fácil *a priori,* pero la influencia, la mentalidad y la ayuda de su padre, el pintor Raymond Bonheur, que se hizo cargo de los cuatro hijos tras la muerte de su mujer, jugaron un papel decisivo. Raymond, además, era fiel seguidor de lo que terminaría conociéndose como el sansimonismo, basado en el pensamiento del filósofo Henri de Sant-Simon que, entre otras cosas, defendía la igualdad del hombre y la mujer en todos los aspectos de la vida.

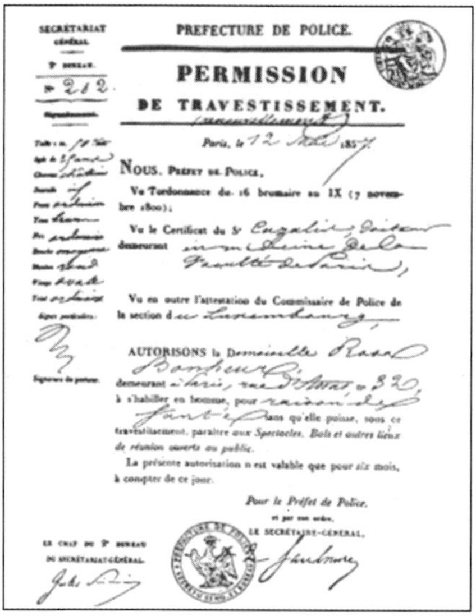

SECRÉTARIAT GÉNÉRAL

2e BUREAU

N° 212

PREFECTURE DE POLICE.

PERMISSION DE TRAVESTISSEMENT.

Paris, le

NOUS, PRÉFET DE POLICE,

Vu l'ordonnance du 16 brumaire an IX (7 novembre 1800);

Vu le Certificat du Sr
demeurant

Vu en outre l'attestation du Commissaire de Police de la section d

AUTORISONS la Demoiselle Rosa Bonheur
demeurant
à s'habiller en homme, pour
sans qu'elle puisse, sous ce travestissement, paraître aux *Spectacles, Bals et autres lieux de réunion ouverts au public.*

La présente autorisation n'est valable que pour *six* mois, à compter de ce jour.

Pour le Préfet de Police,
et par son ordre,
LE SECRÉTAIRE-GÉNÉRAL,

LE CHEF DU 2e BUREAU DU SECRÉTARIAT-GÉNÉRAL.

«Permiso de travestismo», la autorización que debían solicitar las mujeres para vestirse «como hombres»

Alrededor de 1835, Raymond recibió el encargo de retratar a una niña de doce años llamada Nathalie Micas. Nathalie y Rosa, que tenía entonces catorce, conectaron inmediatamente. Lo que comenzó siendo una amistad se convirtió en una historia de amor que duraría cincuenta años, demostrando una vez más que se puede —y en ocasiones es más que necesario— nadar a contracorriente de las mentes retrógradas que, si no se les pone freno, pueden marcar una carrera y una vida. Vivir rompiendo techos de cristal fue uno de los grandes logros de esta artista.

En París, Rosa visitaba el Louvre siempre que su tiempo se lo permitía y allí quedaba extasiada delante de Rubens y compañía. No consiguió inscribirse en la Escuela de Bellas Artes por ser mujer, pero logró aprender en el taller de Léon Cogniet, un voluntarioso pintor que, entre otras cosas, pasará a la historia por haber dado refugio en su taller (según Charles Branch, crítico de la época) al icónico cuadro *La balsa de la Medusa,* de

Théodore Géricault. Probablemente en ese estudio la joven Rosa se cruzaría con artistas como Delacroix y el propio Géricault. Uno se da cuenta de la cantidad de cruces —o *crossovers,* que diríamos si habláramos de series— que hay en la historia del arte y cómo muchos artistas frecuentaban los mismos lugares a veces sin llegar a conocerse.

A nadie le extrañaba ver a Rosa en la escuela de veterinaria y rodeada de especialistas; incluso llegó a diseccionar ella misma algunos animales para ser capaz de pintarlos con mayor maestría.

Su fama fue creciendo y recibía encargos de diferentes rincones del mundo, ese mundo dominado por los hombres. Ella les sobrepasó con su arte y un carácter sin grietas ni aristas. Viajó a Inglaterra, donde la aristocracia suspiraba por alguno de sus cuadros de animales, cruzó el océano y también conquistó Estados Unidos.

En 1889 moría Nathalie y, cuando parecía que sus últimos años los pasaría en soledad, conoció a una joven americana aficionada a la pintura llamada Anna Elizabeth Klumpke, a la que, después de mucho trabajo, logró conquistar (aunque no se sepa con certeza quién conquistó a quién). Anna era admiradora de Rosa desde niña, tanto que siempre andaba con una muñeca de porcelana que se vendía en Estados Unidos con la cara de nuestra artista, lo que da una idea de su popularidad. El enamoramiento se produjo mientras Anna realizaba un retrato de Rosa, un retrato bellísimo, propiedad también del Museo Metropolitano de Nueva York, que nos muestra a una mujer mayor, de rostro sereno, pintando una escena con sus famosos caballos, una mujer que mira con dulzura a quien la retrata.

Rosa Bonheur murió en 1898; Anna, que era treinta y cuatro años menor que ella, vivió hasta mediados del siglo XX.

Pero a Rosa le quedaban techos por romper después de muerta. El último lo rompió en el siglo XXI. Para celebrar una semana del orgullo LGTBI, el Museo del Prado propuso, a través de internet, un recorrido diferente por su colección. En uno de esos vídeos aparecía un imponente león, un primer plano de la cabeza del animal pintado con primoroso detalle. La imagen llamó la atención de un usuario de Twitter que conocía la obra de Rosa Bonheur. El cuadro se titulaba *El Cid* y el tuitero, Luis Pastor, preguntó por su procedencia para terminar averiguando que pertenecía (y pertenece) al Museo del Prado. Luis empezó una campaña en Twitter con la etiqueta #UnaRosaParaElPrado que hizo mucho ruido y que, aunque al parecer entraba en los planes de la pinacoteca, terminó con el felino colgado de una de las paredes del museo. Otra batalla ganada por una mujer acostumbrada a no amilanarse, por difícil que fuera el camino.

Para concluir este capítulo, y a modo de anécdota, mencionar que la prohibición de que las mujeres llevaran pantalones se derogó en Francia en 2013. Obviamente, ya nadie la cumplía, pero el caso es que seguía vigente. En ocasiones arrastramos demasiado tiempo lo peor del pasado.

El origen del mundo

GUSTAVE COURBET

1866

Cuando Constance escuchó decir a su amante, el acaudalado y excéntrico diplomático turco Khalil Bey, que quería tener algo suyo para siempre, no pensó nunca en que una semana después iba a estar completamente desnuda y abierta de piernas delante de un pintor del que nunca había oído hablar. Constance sabía de la afición de Khalil por coleccionar cuadros de mujeres desnudas, pero a ella le había tocado el desnudo más rotundo de todos. Khalil le explicó que Gustave Courbet era uno de los pintores con más futuro de su generación, quizá algo arrogante y provocador, pero un hombre capaz de inventar el «realismo» y llevarlo hasta sus últimas consecuencias.

La primera cita fue en la *brasserie* de la calle Hautefeuille, lugar de encuentro de muchos artistas. Al entrar lo reconoció enseguida en una mesa, sentado al lado de la ventana con una copa de vino. Pelo largo enmarañado, ojos muy abiertos que parecía que nunca pestañeaban. Se saludaron y él empezó a hablar y a ponerla en antecedentes. Narró sus inicios como paisajista, su interés por los desnudos y por el cuerpo de la mujer, su desengaño ante la Exposición Universal de 1855 y cómo, a modo de provocativa respuesta, había organizado una exposición alternativa en un pabellón que mandó construir exprofeso y que bautizó con el nombre de «Realismo». Allí expuso su obra *El taller del pintor* con un desnudo femenino que también provocó rechazo.

Sus labios se movían a tanta velocidad que a Constance a veces le resultaba imposible procesar todo lo que decía. No dejaba de beber vino y no dejaba que ella hablara.

—¿Te ha contado Khalil el cuadro que queremos hacer?

Por fin, y después del saludo inicial, iba a poder decir sus primeras palabras.

—No…

Solo pudo decir ese «no», porque enseguida Gustave volvió a tomar las riendas de la conversación.

—Hemos pensado que no se verá tu rostro. Quiero hacer una metáfora del origen del mundo. ¿Y sabes dónde se origina todo, dónde empieza el camino de cada uno? ¡En la vagina! Quiero pintar tu vagina y crear la obra más realista y natural que se haya hecho nunca.

Constance, que no era ninguna mojigata y no se ruborizaba por casi nada, se ruborizó. Ella, que había nacido pobre de solemnidad, sin una figura paterna cerca, que fracasó como bailarina en la Ópera de París y emprendió un camino sin retorno de hombre en hombre hasta que conoció a Khalil, se ruborizó. Ya había posado para más artistas sin que le satisficieran mucho los resultados, salvo el retrato fotográfico que le realizó Félix Nadar, el más prestigioso fotógrafo de París. Constance no se asustaba por nada, pero estaba delante de un hombre que le pedía pintar su vagina en un cuadro que colgaría de la pared de la mansión de su amante.

—Mira, te invito a que vengas a ver otro cuadro que estoy haciendo y que probablemente también dará que hablar en esta sociedad tan mentecata y llena de prejuicios en la que vivimos. ¿No te parece que París es la ciudad más conservadora del mundo? Nos creemos muy modernos y luego no soportamos ver un pecho. En fin. ¿Tienes tiempo para venirte al estudio un momento?

Gustave Courbet

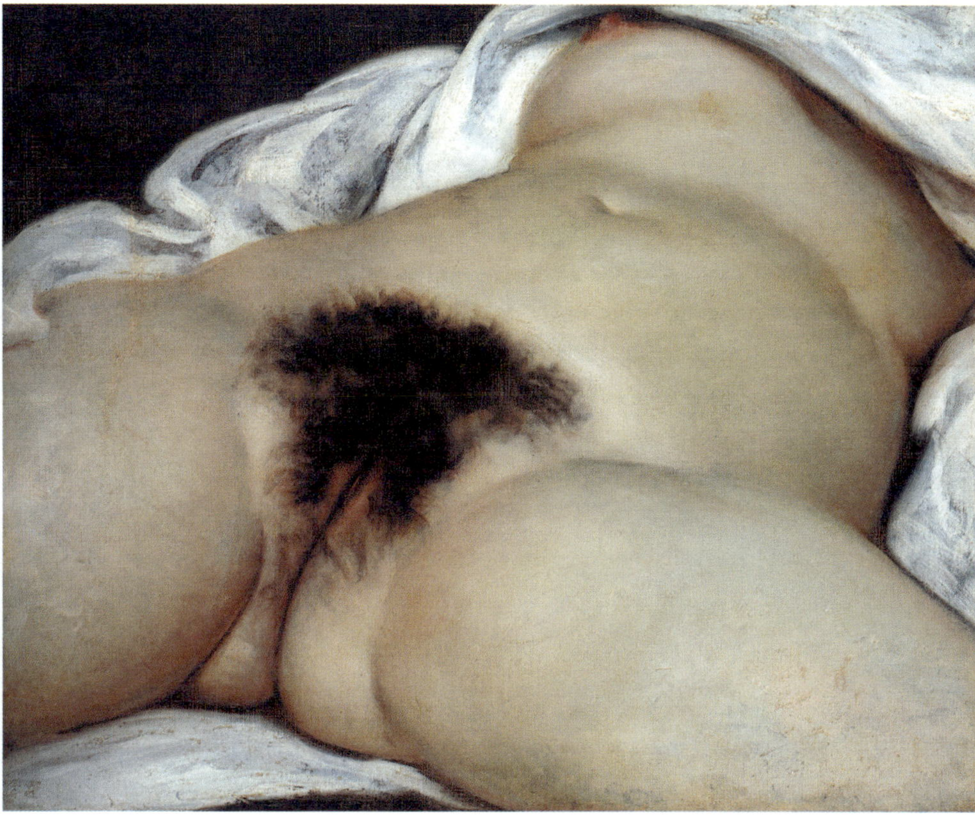

—Eh, sí, de acuerdo.

—Tranquila. Si Khalil viene aquí y no nos encuentra, irá para allí.

Al llegar, Gustave destapó uno de los cuadros que se apilaban en una esquina del taller.

—Este es *El sueño.* También es para Khalil.

Entre una neblina de polvo que se suspendía en el aire aparecieron dos mujeres desnudas, entrelazadas, con los senos descubiertos y los ojos cerrados, descansando. Constance se excitó al ver la escena.

—¿Y dices que mi cuadro será más escandaloso que este?

—Sin duda. Pero tranquila, nadie te reconocerá. ¿Aceptas?

—¿Tengo otra alternativa?

Dos días después se presentó en el estudio. Gustave tenía preparados un colchón y unas sábanas.

—Desnúdate, por favor.

Constance se quitó cuidadosamente toda la ropa.

—Acuéstate en este colchón y échate la sábana encima, a la altura de los pechos, pero sin cubrirlos del todo, y abre las piernas. Un poco más. Ahí está bien.

—¡Qué bonito ese cuadro!

—¿Cuál, el de las flores?

—Sí.

—Te lo regalaré al terminar estas sesiones.

No sabemos cómo se produciría la oferta ni la reacción de Constance al escuchar cómo querían retratarla. Ni siquiera sabemos si le contaron toda la verdad o ella iba con la idea de que sería un desnudo de cuerpo entero. Es más, hasta hace poco no sabíamos que la protagonista del desnudo más polémico de la historia del arte era ella. Durante un tiempo se creyó que la protagonista era Joanna Hiffernan, amante del artista, que había posado ya anteriormente en otros desnudos para él, como el que supuestamente ve Constance en el taller del artista, pero Joanna era pelirroja y eso echaba por tierra esta teoría.

Que por fin hayamos podido ponerle cara es algo que debemos al escritor e investigador Claude Schopp, que encontró la pista definitiva en una carta entre George Sand —seudónimo de Aurora Dupin— y Alejandro Dumas hijo, amigo de Courbet.

Gustave Courbet

Cuando Courbet por fin entregó a Khalil el cuadro, un pequeño lienzo de 46 x 55 cm, este lo trasladó a su mansión, donde lo exhibía tras una pequeña cortina de terciopelo, de tal manera que cada vez que alguien iba a verlo parecía estar asistiendo a una obra de teatro. Más tarde cambió de manos —el diplomático turco tuvo que desprenderse de él para saldar unas deudas de juego— y su rastro lleva hasta la tienda de un anticuario que lo escondía tras un paisaje nevado, quizá para no escandalizar a una clientela que podía sentirse agredida al encontrarlo nada más entrar en el establecimiento. De ahí viajó a Hungría, donde colgó —no sabemos si camuflado o no— de las paredes de la casa del barón Hatvany. Y más tarde, transcurrida la Segunda Guerra Mundial, fue adquirido por el psicoanalista Jacques Lacan y la actriz Sylvia Bataille, que lo custodiaban bajo llave. Lacan jugaba a llevar a amigos y amigas a su casa y analizar la reacción que mostraban al ver la obra, reacciones sin duda parecidas a las que podríamos ver hoy si pusiéramos una cámara oculta en la pared del Museo de Orsay donde se expone en la actualidad. Al Orsay llegó finalmente en 1995, después de pasar catorce años en manos del Estado francés, que la adquirió como pago de los derechos sucesorios de Lacan. El destino del cuadro, hasta su arribada al museo, ha sido siempre la oscuridad, la clandestinidad, lo ojos furtivos que se acercan a él como excusándose. A uno le extraña incluso que el cuadro haya llegado indemne a nuestros días, sin haberse cruzado en su tortuoso camino con algún fanático que no pudiese soportar estar frente al sexo de una mujer.

A Courbet hay que concederle un mérito innegable: nunca dejaba indiferente. Nadaba a contracorriente, en contra del Romanticismo y del Neoclasicismo, los cánones imperantes en su época. Era una piedra en el zapato de las mentes supuestamente limpias de ayer y también de hoy. Podemos imaginarnos su cara de haber podido seguir la enorme controversia desatada en 2018 por la publicación de una foto del cuadro en la red social Facebook. Un profesor francés denunció a la empresa de Mark Zuckerberg por suspenderle la cuenta después de colgar *El origen del mundo.* El profesor llevó a juicio al gigante americano, que alegó que los desnudos están prohibidos en Facebook. El juez que instruyó el caso optó por una decisión salomónica, dando la razón al profesor pero negándole el derecho a indemnización. El caso es que, ciento sesenta años después, el pubis sigue dando de qué hablar.

Courbet escandalizaba, pero sesenta años antes un tal Francisco de Goya ya había pintado vello púbico, algo menos abundante, en *La maja desnuda.* Por algo Goya es el más moderno siempre, sea la época que sea. Por cierto, no he probado a colgar en Facebook una imagen de *La maja desnuda* de Goya, pero después de comprobar que desnudos de Modigliani e incluso una foto de una escultura con treinta mil años de antigüedad han sido censuradas por esta red social, imagino el resultado. De alguna manera, la mirada de algunos no ha evolucionado mucho desde aquellas que se daban la vuelta, avergonzadas, en los salones de París, o en tantos otros sitios donde el arte ha ido por delante de la mentalidad de la época.

Volviendo a *El origen del mundo,* hay varias preguntas que no tienen respuesta todavía. No sabemos qué le pareció a Constance el resultado final de la obra, pero, a pesar del escándalo, lo cierto es que no repercutió en su vida, que transcurrió cómodamente e incluso llegó a convertirse en una filántropa reconocida. Sí sabemos que, al morir, tenía con ella un cuadro de Courbet: un jarrón con flores. Camelias, las flores de las cortesanas, y en el centro una planta con una corola rojiza profunda, que abre. Un homenaje a quien, años atrás, se había abierto de piernas ante el artista que creó una de las obras más misteriosas de la historia.

Gustave Courbet

Courbet murió de cirrosis, imaginamos que repitiendo una última vez el que fuera su principal mandamiento, o probablemente el único: «Si dejo de escandalizar, dejo de existir». Seguro que en el futuro algún escándalo más surgirá alrededor de este origen del mundo. Por eso Courbet existirá siempre.

El Temerario remolcado a dique seco

WILLIAM TURNER

1838

El 5 de septiembre de 1838, al atardecer, en algún punto del norte de Londres, irrumpe en el Támesis una especie de animal mitológico con forma de barco. Blanco, semitransparente, etéreo, fantasmagórico. Avanza arrastrado por un remolcador pequeño y negro que echa humo y no entiende de velas ni de medallas. El sol muere a esa hora, en la que comparte protagonismo con la luna. Todo parece plácido y difuso, como si la escena fuese irreal. La temperatura es agradable; no hace falta abrigo, pero sí una chaqueta que sirva para protegerse de la brisa de finales de verano.

En el puerto, un hombre de mediana estatura, pelo desordenado y gesto hosco observa la escena. Rebasa los sesenta años. Cierra los ojos, los aprieta, intentando llevar a algún rincón de su cerebro todo lo que ve. Memoriza, memoriza y vuelve a memorizar. El barco, el mar, el remolcador y el cielo se transforman en cada abrir y cerrar de ojos. Lo que habita su cabeza ya no es exactamente lo que tiene delante. En su mente es un cuadro en el que ese último viaje del navío estará dotado de dignidad. Los mitos deben morir sin perder el aura que un día los vistió. Se muere como se vivió, piensa el hombre, que visualiza su propio funeral en ese traslado.

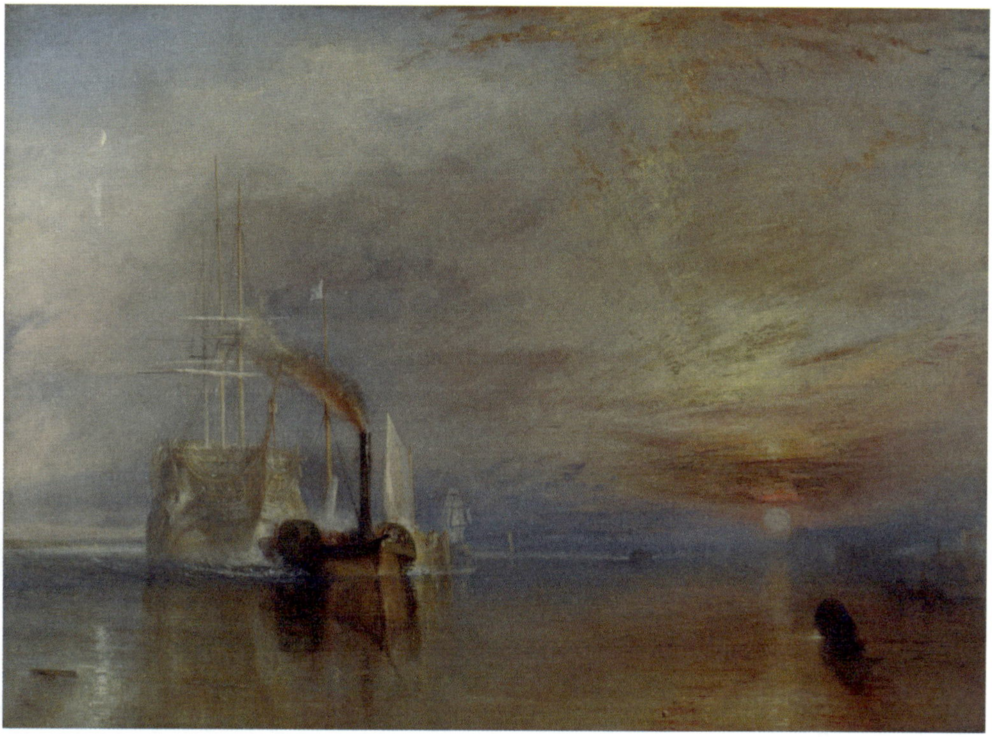

Desprende esta obra una melancolía que lo invade todo. Hay melancolía en la luz y melancolía en el barco que protagoniza el cuadro. Ese dinosaurio camino del cementerio, herido y viejo, dispuesto a descansar para siempre después de una vida intensa.

Hay melancolía en los mástiles de ese barco, que poco a poco se pliegan al avance del carbón, que marca también el final de una época. La nave que domina la escena y parece levitar sobre el agua es el Temerario, un barco que pasó a la historia por haber participado en la batalla de Trafalgar, en 1805. Tenía tres puentes y noventa y ocho cañones que en aquella batalla dieron buena cuenta del Redoutable, al que masacró y dejó en los huesos. Esos cañones mataron a doscientos hombres. Pero el tiempo pasa hasta para los héroes y ahora vive su ocaso rumbo al desguace de Rotherhithe, en un último viaje Támesis arriba, remolcado por una nave pequeña que echa humo y anuncia nuevos tiempos. Vendido por el Almirantazgo por poco más de cinco mil libras.

Según cuentan las crónicas, Joseph Mallord Conrad William Turner vivió la escena en directo y, de alguna manera, él se vio reflejado en el Temerario. A sus 64 años era un hombre mayor para la época, que buscaba nuevos caminos artísticos por los que transitar. Parece casi parte de la leyenda que el artista asistiese, en aquellos días de principio de septiembre de 1838, al traslado a dique seco de aquel orgullo nacional al que la Armada había ordenado despojar de todo lo que fuese de valor o se pudiera reutilizar. En el cuadro, Turner lo dota de mástiles e incluso de velas. No se resiste a darle un aire de grandeza por mucho que, según una de sus citas más célebres, él solo pinta lo que ve, no lo que sabe. De hecho, sus críticos llegaron a afearle en algún cuadro que no pintase, por ejemplo, el ojo de buey de determinado barco, a lo que él respondía que la luz que se proyectaba hacía que el ojo de buey se volviera invisible. Estamos, por tanto, muy probablemente, ante una de las pocas fabulaciones pictóricas de este genio. Él quiso que ese último navegar del Temerario, rumbo a la desguazadora, fuese un funeral de Estado.

Turner nació el 23 de abril de 1775. El día que le bautizaron tres soles se dibujaron en un cielo imposible. Ese día tuvo lugar un fenómeno óptico conocido como *parhelio*: la luz solar choca con pequeños pedazos de hielo escondidos en las nubes, que la reflejan y la desvían, a modo de prisma, proyectando en el cielo la figura de dos e incluso tres soles al mismo tiempo. Probablemente ese parhelio fue toda una premonición para un hombre que iba a dominar la luz por encima de todas las cosas y que —cuenta la leyenda— justo antes de morir exclamó: «El sol es Dios». Dominar la luz es tener hecha la mitad del camino. A Turner ese control de la luz le convirtió en uno de los más grandes —quizá el más grande— pintores de mares de la historia, unos mares en los que se bañarían muchos artistas que llegarían después.

Turner, que probablemente en vida era inaguantable, no tiene detrás una historia de artista pobre que no triunfa en vida. Hijo de un diseñador de pelucas y de una carnicera, triunfó pronto, tanto que a los diecisiete años ya vivía de su arte. Dos cosas marcaron a Turner: los ataques de locura de su madre, que darían con ella en un manicomio, y su físico. Un hombre de baja estatura, con una barbilla aparatosa y una nariz que le confería un perfil de cacatúa.

No cuidaba mucho su aspecto y casi siempre iba con las manos sucias de pintura —si lo pensamos un poco, no hay mejor herramienta para difuminar que los dedos—. Desaliñado y áspero, sabía que la batalla de las relaciones sociales la tenía perdida, así que optó por intentar ganar la guerra del arte.

Su obsesión era tal, que salía a caminar kilómetros y kilómetros armado con sus cuadernos para pintar bocetos de lo que encontraba. Las nubes, los árboles, los rayos, la nieve, la lluvia, el agua, las tormentas, las montañas, nada se le resistía. Hay un cuadro posterior a este del Temerario, titulado *Tormenta de nieve en el mar*, que da una idea de cómo se las gastaba Turner:

> Pinté el cuadro para mostrar cómo era una escena así, no para explicarla. Para observarla, hice que los marineros me ataran al mástil y así permanecí durante cuatro horas; pensé que de ahí no salía, pero que, si lo lograba, mi deber era plasmar aquella escena.

Admirador de Claudio de Lorena, rival a muerte de Constable, el chico que afirmó que si volviera a nacer sería arquitecto, conquistó la cumbre del arte dedicando su vida en exclusiva a esa causa. Bueno, también a las viudas, por las que sentía especial predilección.

Pero volvamos al Temerario y a la melancolía de este cuadro que, enmarcado en el Romanticismo, es quizá la primera obra preimpresionista. Las formas empiezan a desdibujarse y pierden definición, engañan al ojo, aunque aquí todavía enfoca y define algo para hacerla más comprensible. Si miramos el cuadro de frente observaremos que en el centro de la escena no hay nada: lo importante está a los lados. Lo sencillo, o lo habitual, habría sido pintar el navío en todo su esplendor, poderoso, disparando sus cañones, pero Turner se salía de los márgenes establecidos, y su manera de rendirle homenaje fue mostrando su final.

Impresiona fijarse en la mancha de luz que desprende ese sol «divino», un manto que domina casi todo el lienzo y se sumerge en un mar dorado sobre el que dos barcos, llegados de diferentes épocas y tiempos, representan el pasado y el presente. Un presente que, visto hoy, es también remoto. Un sol poniente y una luna creciente para reflejar una era que muere y otra que comienza, en lo industrial y —probablemente— en lo pictórico. Todo lo hizo con el blanco, el amarillo y azul, tres colores e innumerables tonalidades. Así que, después de terminarlo, le imaginamos paseando por Londres con los dedos manchados de esos colores, ajeno a los cuchicheos de una sociedad que le miraba entre temerosa y avergonzada.

Las obras que llegarían después de esta, como la mencionada *Tormenta de nieve,* le valieron a Turner el calificativo de demente, de loco, y que se le tratara como a alguien que estaba perdiendo la cabeza. Es cierto que el hombre llevaba una doble vida y que, por ejemplo, se hacía pasar por un almirante retirado y como tal deambulaba por el barrio de Chelsea. Pero los que de tal lo motejaban, incluida la reina Victoria, lo hacían por la manera de pintar que desarrolló en sus últimos años, cuando el artista decidió saltarse varias décadas y, viviendo todavía en mitad del siglo XIX, plantarse en el XX. Inauguró el impresionismo, incluso la abstracción.

En 2005, una encuesta entre los británicos eligió el del Temerario como su cuadro favorito de todos los tiempos. Turner sonreiría seguro desde el paisaje donde habite ahora, y miraría a Constable con una mueca de desprecio.

Cuando murió, se descubrieron en su casa trescientos veinte óleos y diecinueve mil bocetos. El hombre que a los catorce años era ya un maestro había llegado a puerto como ese barco de guerra crepuscular.

Gótico americano

GRANT WOOD
1930

El señor McKeeby acude cada mañana a su consulta con una puntualidad casi marcial. Lo primero que hace es descorrer las cortinas y dejar pasar la luz, que a esa temprana hora del día ya inunda cada rincón de la pequeña habitación en la que revisa las dentaduras de una buena parte de Cedar Rapids, en el condado de Linn, estado de Iowa.

El sol de un verano más caliente de lo habitual hace brillar la salivadera, donde varias generaciones de vecinos han ido escupiendo sangre mezclada con clorhexidina. McKeeby está acostumbrado a que le llamen «el sacamuelas» y a que los niños le teman cuando se cruzan con él por la calle. Su enjuta figura es sinónimo de sufrimiento para los más pequeños y de mal rato para el resto de los vecinos.

La vida de McKeeby transcurre sin que pase nada, que es muchas veces la mejor manera de que pase la vida. Se levanta temprano, escucha la radio, se afeita, desayuna un café solo y un pedazo de pan con manteca de cacahuete y a las siete de la mañana cruza el pasillo que separa la cocina de la consulta y se pone la bata odontológica, que puede estar días sin mancharse porque hay semanas en las que nadie pasa a visitarle. En Cedar Rapids, como en tantos otros sitios, muchos esperan hasta que el dolor acucia para ir a verle.

Es habitual que el pequeño Grant le visite una vez cada dos meses. Grant había llegado a la ciudad desde la vecina Anamosa tras la muerte de su padre. El chaval solo tenía diez

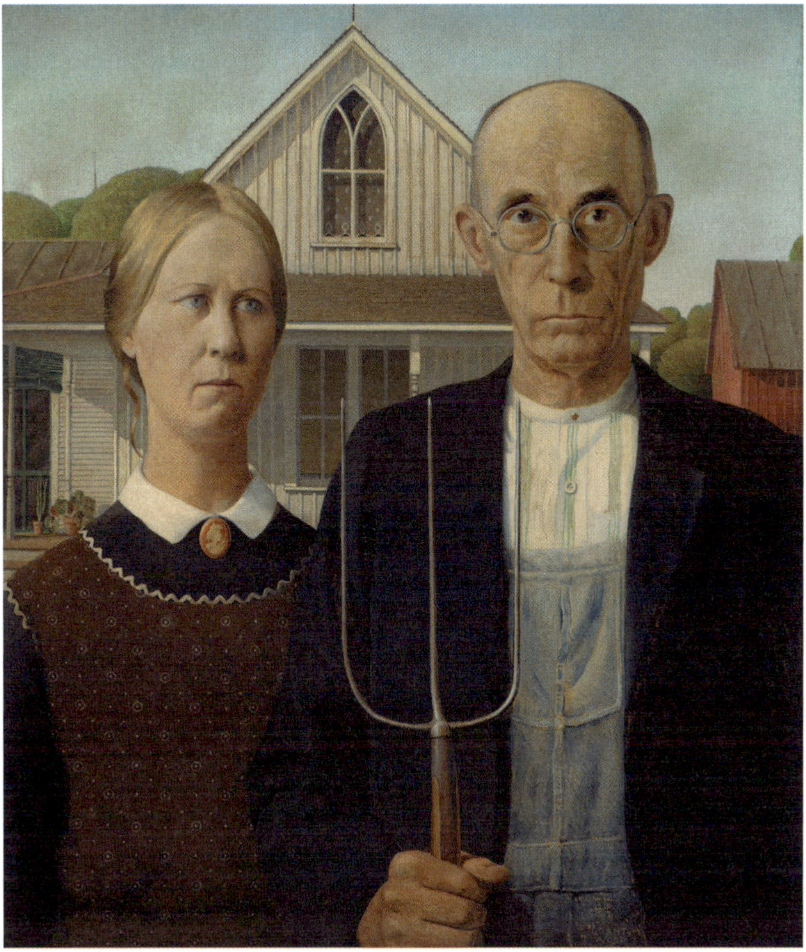

años y aquello supuso un duro golpe para él. Cada vez que iba por la consulta solía hacer garabatos con cualquier cosa que sirviese para dibujar, incluso al escupir la sangre intentaba trazar una figura. Al cabo de los años, la relación de Grant y el señor McKeeby se estrechó y, a pesar de las idas y venidas del chico, siempre que el dolor amenazaba su boca se plantaba en la consulta del viejo dentista.

En una de sus visitas, hacia 1929, Grant le dijo:

—Te voy a pintar.

—Perdona, Grant, ¿cómo dices?

—Estoy buscando un modelo para un cuadro al que vengo dándole vueltas; te estoy observando y eres perfecto.

—¡Pero qué tonterías dices!

—Tú déjame. Solo necesito que te vistas de granjero.

—¡Jajajaja! Estás loco.

—Hazme ese favor. Son muchos años aguantando tus perrerías…

—Bueno, mira, haz lo que quieras. Pero solo posaré una tarde y no se me tiene que reconocer.

—Perfecto. El jueves te vienes a mi estudio.

Pudo pasar así o pudo ser de otra manera, lo que sí es cierto es que el señor McKeeby posó para Grant Wood vestido de granjero y que su cara fue reconocida por todo el mundo. Es igual de cierto que el dentista está en los libros de historia como parte de uno de los cuadros más icónicos del arte americano del siglo xx. Una obra muchas veces caricaturizada, imitada e incluso insultada. *Gótico americano* refleja una época, o el final de ella, y un *american way of life* alejado del que vive en el subconsciente de muchos.

A los catorce años hay un punto de inflexión en la biografía de Grant Wood, y no es una tontería. A esa edad consigue el tercer puesto en el concurso nacional de coloreado por un dibujo a crayola de las hojas de un bosque. Parece que este logro le dio la confianza para seguir buscando motivaciones artísticas. Lo de colorear bien le iba a servir, además, para pasar una Primera Guerra Mundial más tranquila de lo habitual, porque se dedicó, sobre todo, a pintar de camuflaje los tanques; es decir, en la guerra lo que más hizo fue colorear.

El cuadro que más celebridad le dio lo pintó después de uno de sus viajes a Alemania, concretamente a Múnich. Tanto la ciudad como el país influyeron decisivamente en él, no solo por artistas como Dix o Beckmann, sino por su arquitectura. Quizá ese interés por la arquitectura fue lo que encendió la chispa de la que surgió su obra más icónica. Durante un paseo con dos colegas suyos, John Sharp y Edward Rowan, que le habían invitado a visitar unos días el pequeño pueblo de Eldon, en Iowa, llamó su atención una casa cercana a la carretera. Era una casa humilde, color crema, en ese estilo neogótico conocido como Carpenter Gothic o «gótico carpintero», construcciones de madera que se popularizaron en Estados Unidos durante el siglo XIX y que hacían lejanos guiños al estilo gótico. Pero, ¿qué hacía una ventana ojival como aquella en un hogar como ese?, pudo preguntarse el artista. Aquella ventana iba a convertirse en el centro de gravedad de su cuadro.

Wood afirmó después que su sensación al verla fue la de que en su interior habitaban personas del gótico estadounidense de rostros estirados. Ahí encontramos una de las claves de la pintura: los retratos de los protagonistas parecen alargados, lo que, por otra parte, confiere al conjunto cierto aire humorístico. Aunque vistos los modelos reales, su hermana —de la que ahora hablaremos— y el dentista, Wood no tuvo que cambiarlos mucho. Hay una fotografía de ambos delante de la obra, realizada doce años después de que la pintara, y el parecido, estiramiento incluido, es más que evidente.

Aquella mañana de paseo en Eldon, Wood sacó cuartillas y esbozó la que iba a convertirse en la casa más famosa de la historia de Iowa, a la que siguen peregrinando curiosos y amantes del arte y que se conserva tal como la vio el artista, salvo que el antiguo hogar de la familia Dibble es ahora un pequeño museo.

Volviendo al terreno real de la imaginación, uno cree ver al doctor McKeeby aquella tarde de jueves llegando al estudio de Wood o al lugar donde decidiera pintarlo, ataviándose con el traje de granjero, diciéndose a sí mismo en voz baja que quién le mandaría meterse en eso. Su mal humor debió acrecentarse cuando Wood le dio una horca enorme y brillante de tres puntas afiladas y le pidió que la sostuviese con firmeza.

En la mente del artista estuvo siempre la idea de que fuese una pareja la protagonista de la obra. Pensó en su madre, pero probablemente no aguantaría largas sesiones posando, así que decidió pedírselo a su hermana Nan. Pero para que su madre estuviese presente de algún modo, Nan se puso un camafeo que podemos encontrar en otro cuadro de Wood realizado el año anterior, *Mujer con plantas*. A Nan le pidió que mirara hacia un lado, perdida en sus pensamientos, con un mechón deslizándose detrás de una oreja como única licencia a la sensualidad y cubierta con una especie de un guardapolvo o vestido-delantal que, si prestamos atención, es de la misma tela que la cortina de la famosa ventana.

En sus viajes a Europa, Wood había admirado la obra de artistas como Jan van Eyck, y algo de influencia del pintor flamenco podemos advertir en este cuadro; no tan exagerada como para afirmar que estos granjeros son una especie de matrimonio Arnolfini a la americana, pero sí hay algo que nos lleva a esos retratos.

A lo largo de los años la obra ha sufrido múltiples interpretaciones, desde los que la ven como un retrato fiel del modo de vida en la América rural —la mujer a sus labores y el hombre a trabajar en el campo—, hasta los que creen que refleja perfectamente un país que acababa de sufrir el crac bursátil de 1929.

Grant Wood

Los granjeros de la zona escribieron decenas de cartas de queja por sentirse ridiculizados. Wood ganó trescientos dólares al lograr venderlo al Instituto de las Artes de Chicago, donde permanece desde entonces. Tras el fallecimiento del artista, su hermana se mudó a California y se convirtió en la cuidadora de su legado, reconociendo que ese cuadro le dio una vida diferente al sacarla de la monotonía.

El doctor McKeeby se enfadó mucho al ver la obra y estuvo diez años sin hablar con Wood. Imaginamos que Wood debió cambiar de dentista para no arriesgarse a perder algo más que una muela.

Los amantes

RENÉ MAGRITTE

1928

No sabemos quiénes son, ni de dónde vienen. No sabemos si sienten, ni lo que sienten. Son dos amantes, llegados de algún lugar, dispuestos a sellar un amor que parece imposible o casi inalcanzable. O mi imaginación me hace verlos como dos amantes emprendiendo la despedida. Las formas de sus rostros, las líneas que delimitan sus perfiles, se desdibujan. Intuimos sus frentes y las cuencas de unos ojos que no pueden ver. Es una relación imposible, prohibida. Es un beso deseado o soñado, o simplemente es la sensación de asfixia de una pareja que ha llegado al límite.

No hay escenario, salvo una pared marrón y un principio de techo beige. El cielo hace de telón de un fondo que podría ser cualquier fondo. Han llegado a ese lugar a la hora indicada, elegantemente vestidos. Él con el nudo de una corbata que da la sensación de apretar todavía más la respiración contenida para ese último beso. Ella con un vestido que deja el hombro desnudo, única porción de piel que se ve en toda la escena. Es un beso que no se da, un beso que no humedece al receptor, un beso sin aliento, un beso con sabor a tela. Los brazos los intuimos debajo, caídos, sin apretar los cuerpos, brazos resignados a no poder iniciar la búsqueda del cuerpo ajeno. Los ojos quizá abiertos, adivinando entre la veladura de la tela al ser ajeno, al ser tantas veces nombrado y deseado que ahora aparece de manera fantasmagórica.

No hay contacto y, sin embargo, la proximidad, escuchar la respiración jadeante empieza a excitar a ambos. Desearían

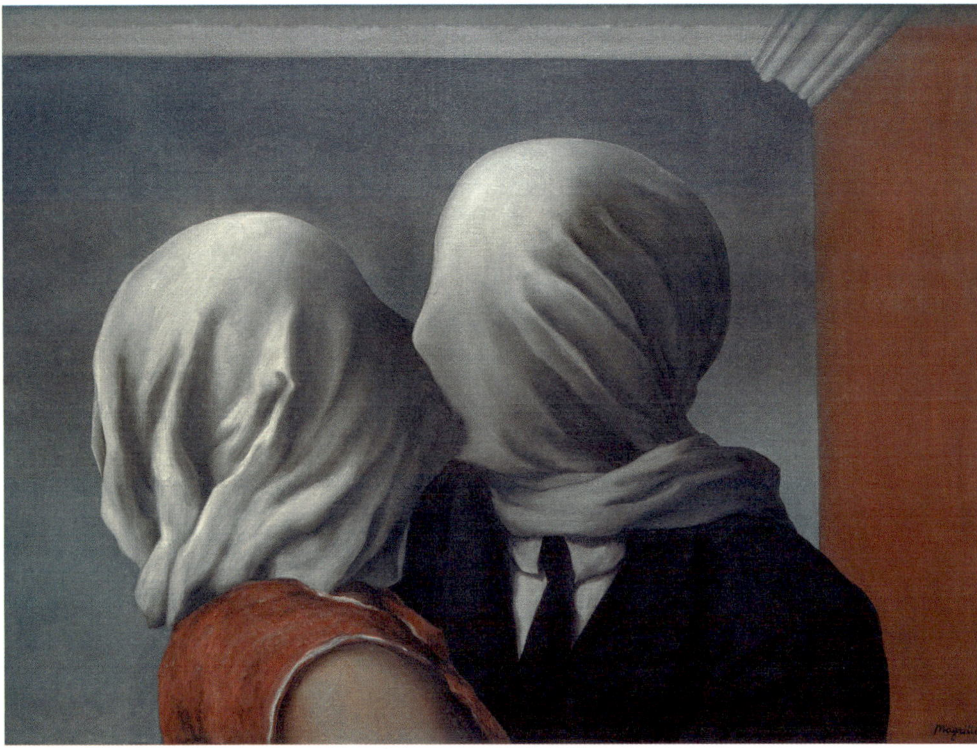

quitarse la máscara y verse cara a cara, pero ya es demasiado tarde para eso. Los años han ido desdibujando sus facciones y la manera de verse. No son como se vieron por vez primera, cambió su manera de entender la vida y empezaron a no reconocerse. Los sinsabores ocupaban sus días y parte de unas noches en las que se besaban a oscuras, sin verse. Como ahora.

Así, con esa tela húmeda enrollada en sus cabezas, juegan a imaginar que son los amantes que fueron, los que bailaban hasta el amanecer por las calles de un París que era suyo. Sus lóbulos temporales activan las canciones que han ido acumulando a lo largo de sus existencias, las que escuchaban cuando estaban tristes, las de los días lluviosos, las que ponían cuando hacían el amor. Se mezclan desordenadas unas con otras, como reflejo de la montaña rusa en la que han estado subidos. La respiración se entrecorta, se acelera y se detiene, y justo en ese momento en el que parece que les falta el aire es cuando se buscan con la lengua, pero el paño blanco se tensa y no deja más que intuir el roce. Es imposible que llegue el sabor salado que tantas veces compartieron. Han levantado un muro imposible de derribar.

No volverán a verse, mucho menos a besarse. Vendrán otros labios que no serán los suyos, y otros ojos a los que mirar a esa distancia a la que solo se mira cuando se quiere comprobar que sí, que es cierto, que ha llegado ese momento en el que se encuentran las bocas, el primero de muchos que ya no serán como ese. Es esa décima de segundo en la que se produce una apertura de ojos única que nunca se repite más allá de una vez por enamoramiento. Es ese instante muy efímero e irrepetible que se utiliza para cerciorarse de lo que está por llegar, y que, en alguna ocasión, coincide con el mismo instante elegido por el de enfrente y se traduce en una leve sonrisa avergonzada o feliz. Todo eso terminó, quedan solo las siluetas de lo que fueron.

Lo bueno de un cuadro de René Magritte (Lessines, 1898-Bruselas, 1967) es que cada uno lo puede hacer suyo y cada cual interpretarlo de una manera diferente. Al propio artista no le gustaba explicar mucho sus obras; son cuadros llenos de preguntas esperando ser respondidas por la imaginación o la mente del que las observa. Magritte tiene algo de mago en su forma de desvirtuar la realidad, de deformarla y, sin embargo, provocar que nos hagamos preguntas muy reales que no sabíamos siquiera que nos perturbaran. A veces nos pone delante de una especie de espejo que nos devuelve, no el reflejo de nuestra figura, sino el reflejo de unos pensamientos guardados en algún rincón de nuestra memoria. El artista afirmaba, en la línea de lo dicho en ocasiones por Picasso, que su manera de mirar, y por tanto de pintar, pretendía ser la manera de mirar de un niño que se asombra al ver por primera vez tantas cosas, ese niño que se cree capaz de alcanzar con sus manos un pájaro en pleno vuelo. Esa realidad que le sorprende, y que nos sorprende, es la base de gran parte de sus trabajos. Magritte quitó solemnidad a la pintura y a la etiqueta de creador («cómo voy a añadir algo a este mundo, si ese algo que añado es de este mundo»). Se río durante una época del arte con el estilo conocido como Vache, 'vaca', un periodo caricaturesco y grotesco en el que quiso matar la pintura.

Su obra surrealista ha influido en muchos artistas posteriores. Les invito a buscar las fotografías de Chema Madoz, otro mago y especialista en otorgar un significado diferente a objetos que creíamos bien definidos e inválidos para otro cometido que el uso que se les ha venido dando. Las cosas se llaman de una manera, pero no hay una ley que diga que ese nombre deba ser eterno o no pueda alterarse, o incluso iniciar una nueva andadura dentro del mundo de los objetos. No es de extrañar que la publicidad mirara hacia Magritte: al fin y al cabo el belga era, es, un maestro en hacer que recordemos una imagen y conseguir que se abra paso en nuestro hipotálamo.

Para ahondar un poco más en la obra que nos ocupa conviene remontarnos al mes de marzo del año 1912. Es de noche y la familia Magritte duerme. En mitad de la madrugada, su hermano Paul sube apresurado las escaleras de la casa. Está inquieto porque su madre no se encuentra a su lado. Regina sufre fuertes depresiones y los miembros de la familia se turnan las noches para no dejarla sola. Leopold, su marido, se preocupa. Las huellas de unas pisadas les llevan a orillas del cercano río Sambre, allí se pierde el rastro. Pasan los días y la búsqueda continúa, con pocas esperanzas ya. Se oye un grito. Los tres hermanos y el padre se asoman y ven el cuerpo de una mujer en el agua, con el camisón blanco empapado y cubriendo su cara. René Magritte tiene catorce años.

En su madurez, el artista diría en una entrevista que aquel episodio no le traumatizó; sí le dejó en *shock* y le marcó, pero no influyó en su obra. Le incomodaban las preguntas con sesgo psicológico —solía hablar en tono jocoso de Freud—, pero parece indudable que aquella imagen le acompañó en el subconsciente toda su vida. Puede intuirse en *Los amantes,* pero resulta evidente en *Ensoñaciones del paseante solitario,* donde vemos a un hombre de espaldas al espectador, con el clásico bombín o sombrero hongo tan de Magritte, situado frente al río y el puente donde encontraron a su madre y, en primer plano, una mujer desnuda muerta. También en *La invención de la vida,* donde una mujer joven posa junto a una figura cubierta por una sábana. Cuadros que dan una idea de que aquella imagen, o aquel comentario que llegó a sus oídos, permanecieron para siempre en su memoria y su presencia se aprecia en otras obras, como en *La filosofía en el camarín,* donde el camisón bien podría ser el de la madre ahogada.

Los cuadros de Magritte entran por los ojos. Son obras que colgaríamos sin dudar en cualquier estancia de nuestras casas. Tienen un toque de humor y ese ingrediente surrealista que provoca admiración en quien lo mira. Esos sombreros que mencionábamos, las pipas, las manzanas, sus ojos llenos de nubes, las lunas, los árboles, los hombres voladores, la poesía que encierran, las paradojas y las contradicciones despiertan la curiosidad de cualquiera.

Pero también hay algo de misterio y de incomodidad en muchos de ellos. Hay cierto desasosiego en estos amantes y en otras imágenes de Magritte que seguro recuerdan o pueden buscar, como las de una ventana con un cristal roto. Es como si quisiera advertirnos que la vida, el paisaje, es bonita, pero puede alterarse o hacerse añicos en cuestión de segundos.

Magritte casi vuelve a vivir una ruptura de su paisaje cuando su mujer, la guapísima Georgette Berger, con la que compartió toda una vida, estuvo cerca de morir tras sufrir un aborto. El cielo, los árboles, las nubes... todo parece armonioso hasta que una piedra golpea el cristal a través del que los vemos y provoca un estruendo.

Tal vez a la pareja que se besa sin verse, que se roza sin tocarse, se le rompió el cristal de su ventana, y por eso detrás vemos solo el cielo, porque debajo están los restos del naufragio.

Porque para este genio del surrealismo la pintura debe parecerse lo más posible a la realidad, una realidad oculta o solo descifrable por unos pocos privilegiados, los niños y los grandes artistas, capaces ambos de alcanzar un pájaro en pleno vuelo.

Vieja friendo huevos

DIEGO VELÁZQUEZ

1618

—Maestro, ya sé que yo estoy aquí para lo que sea menester, pero nadie me dijo que debía hacer de modelo también. Llevamos ya varios días con estos ropajes y de tanto mirar así medio de lado se me va a quedar la cara torcida. Además, que el aceite da su calorcito y el melón pesa lo suyo. ¿Cuánto tiempo más dice que estaremos de esta guisa?

—Niño, no te quejes del calor del aceite que, mira, tengo esta mano que casi ni la siento. Así que calla y no te muevas mucho, que yo creo que hoy terminamos. Vamos a acabar odiando los huevos. ¡Cada día, a comernos dos! Yerno, ¿cómo va la cosa?

—Son ustedes muy blandos. Tranquilos, que me queda poco. Estoy a vueltas con los huevos. Quiero plasmar el momento en el que la clara empieza a tornarse blanca. Pero con vosotros termino hoy. Para el bodegón de abajo no me seréis necesarios.

—¿Y no le criticarán por hacer un cuadro con un tema así? ¿A quién le va a interesar una mujer y un chaval friendo unos huevos? ¿Dónde está el asunto? Es muy poco trascendental esto, don Diego, nadie querrá comprar una obra como esta.

—Mira, chico, una lección que debes aprender: en ocasiones hay que ir a contracorriente, hay que salirse de lo habitual para dejar una impronta o para llamar la atención. ¿Dónde está la libertad de un artista si ya desde joven se pone

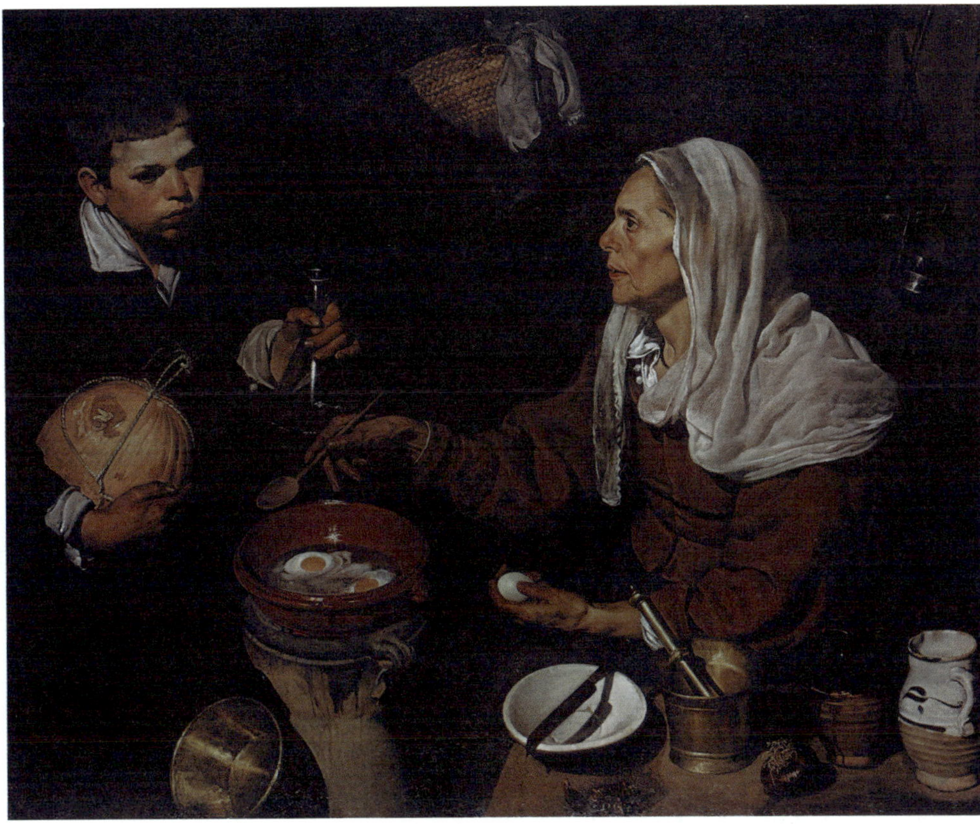

límites? Lo cotidiano puede ser también digno de ser representado, y poco hay más cotidiano que la comida y lo que comemos. ¡Y sobre todo un par de huevos fritos! Habéis quedado muy serios, con esas caras de funeral.

—¿Cómo quieres que estemos, Diego? ¡Me has puesto un trapo sucio en la cabeza! Y a él… ¡ese pelo! Será el hazmerreír de todo Sevilla. Menos mal que no tendrá mucho éxito. No tengo ganas de que me vean así mis amistades.

—Tranquilos, que no quedará mal. Bueno, os libero ya de tan «ingrata» tarea; yo me quedo retocando el anafe y la mesa.

Vieja friendo huevos

Mira, chico, para que aprendas. Voy a falsear su posición: elevaré un poco las dos cosas para que se vean los huevos, el ajo, la cebolla. Si no cambio la perspectiva no veremos nada de eso. Acuérdate, tienes que poner la imaginación al servicio de lo que pintas y usarla como herramienta para resolver problemas. No hay otra. Lo bueno es que para casi todo hay una solución, solo tienes que pensar y estudiar. Y cuando creas que has encontrado lo que buscabas, has de volver a pensar y seguir estudiando. Yo también estuve seis años aprendiendo, intentando atrapar cualquier detalle que veía o escuchaba por el taller. Durante el primero de esos años lo único que hice fue moler pigmentos, y aprendí a disfrutar con el mortero. Podía pasar horas observando los botes de colores. Cogí los libros de mi suegro y estudié a Vasari o a Vignola. ¿Y sabes con lo que más disfrutaba? Con las tertulias. Hasta aquí venían artistas de diferentes disciplinas y hablaban y hablaban. Yo me quedaba detrás de la puerta, escuchando. Y claro que hacía tareas más domésticas, y muchas de ellas no me gustaban, pero se compensaban con lo otro. Si quieres ser un buen pintor, además de desearlo, debes trabajarlo. Sin trabajo no se puede sostener un pincel.

Vieja friendo huevos es uno de los primeros cuadros de Diego Rodríguez de Silva y Velázquez, al menos como pintor con todas las de la ley. Se había examinado con éxito un año antes, después de pasar otros seis en el taller de Francisco Pacheco. Ese examen le daba licencia para practicar el arte en todo el reino y tener tienda pública, además de aprendices. Pacheco fue una de las personas que más influyó en él y al que debe gran parte de su carrera, que se adivinaba mientras pintaba esta escena.

Diego Velázquez

No existe certeza absoluta, pero sí muchas sospechas, de que la mujer y el chico que vemos en este cuadro son su suegra, María del Páramo, y Diego Melgar, aprendiz que estuvo en su taller dos de los seis años que debían cumplir los aspirantes a pintor. Esa María del Páramo tiene un enorme parecido con la mujer que pintaría dos años después en *Cristo en casa de Marta y María* y el chaval les puede resultar familiar por su aparición en un cuadro bastante popular, *El aguador de Sevilla*.

Este cuadro, procedente de la colección de sir Frederick Lucas Cook, llegó a la Galería Nacional de Escocia, en Edimburgo, en 1955, después de un rocambolesco recorrido y previo pago de cincuenta y siete mil libras.

De Velázquez se podrían elegir decenas de obras, pero al escoger esta he pretendido poner el foco en una época concreta, crucial para el destino del sevillano. Además, si uno pudiese tener una máquina del tiempo, pagaría por ver aquellos años iniciáticos, los momentos en el taller y ese examen, delante de su maestro y de Juan de Uceda, el 14 de marzo de 1617. Imaginen poder asomarse por una mirilla a ese examen, a ese instante en el que Velázquez se convierte en Velázquez, ese momento en el que, con dieciocho años y bajo la atenta mirada del escribano Pedro de Carpio, responde a las preguntas y expone sus méritos. Hay momentos trascendentales para la historia, en general, y para la historia del arte en particular, y ese es uno de ellos: el momento en el que Velázquez sale con la rúbrica que le permite formar parte del gremio de pintores.

De sus primeras obras se ha analizado mucho la influencia de Caravaggio, por el uso del claroscuro, si bien hay quien defiende que no pudo conocer el trabajo del italiano en la Sevilla de entonces, aunque quizá la viera en algún grabado o escuchara hablar de ella. Lo que es evidente es que su personalidad ya se hace patente, por ejemplo, en la temática. El bodegón, que gustaba al público, era considerado un género menor. Pacheco, en su libro *Arte de la pintura*, no se andaría por las ramas tiempo después y escribiría que los bodegones se deben tomar en consideración si se pintan como los pintaba su yerno.

Sí, porque Velázquez, además de un buen aprendizaje, se llevó de aquella etapa también una esposa. Un lustro en el taller le dio para intimar con la «hija del jefe». Era algo habitual que se dieran este tipo de relaciones, teniendo en cuenta que ser aprendiz suponía integrarse prácticamente en la familia.

> Después de unos años de educación y enseñanza le casé con mi hija, movido por su virtud, limpieza y buenas partes, y de las esperanzas de su natural y grande ingenio.

No andaba nada desencaminado el suegro en eso de las esperanzas y el ingenio de quien iba a convertirse en uno de los más grandes artistas de la época, de todas las épocas.

Juana Pacheco, hija de la protagonista de este cuadro, pasaba mucho tiempo en el taller por su afición a la pintura. No se conserva ningún cuadro suyo, o si se conserva probablemente lleve la firma de algún hombre. Se casaron cuando ella tenía quince años; quiere decir esto que cuando Velázquez pinta esta escena ya es su esposa. El aspecto de Juana pudiera ser el que podemos ver en *Retrato de una muchacha* o en *La sibila*, o incluso el de alguna virgen, como la que encontramos en la *Adoración de los Reyes Magos*. Juana y Diego tuvieron dos niñas, Francisca e Ignacia. Solo sobrevivió Francisca, que se casaría con uno de los aprendices del taller de su padre, Juan Bautista Martínez del Mazo. Francisca y Martínez del Mazo tuvieron nueve hijos. Cuatro murieron pronto; de los cinco que sobrevivieron llama la atención el nombre de los tres varones: Melchor, Gaspar y Baltasar. En 1653 moriría Francisca y del Mazo se volvió a casar y tuvo otros cuatro hijos. Hay un cuadro muy curioso, custodiado en el Museo de Historia del Arte de Viena, llamado *La familia del pintor*, donde pueden ver la numerosísima descendencia del aprendiz. Una obra con clara «inspiración» en *Las meninas.*

Por cierto que la historia hubiese sido redonda del todo si Francisca se hubiera casado con el chico que sostiene el melón de este cuadro. Pero ese pupilo duró dos años en el taller de un Velázquez que no podía hacerse cargo de él cuando apareció Madrid en el horizonte.

Porque Madrid, la corte, Felipe IV, estaban ya en sus planes y en los de su suegro, y quizá esta *Vieja friendo huevos* fue uno de los trabajos que le llevó hasta la capital del reino para dar muestra de su valía. Con solo veinticuatro años Velázquez se convertiría en pintor de Felipe IV.

Un apunte menor y anecdótico, aunque ¿qué sería del arte sin las anécdotas? En Escocia este cuadro se titula *An old woman cooking eggs*. Es un matiz, pero nos sirve para hacernos una idea de hasta dónde se analiza un cuadro. Ese *cooking* es 'cocinando' y no 'friendo', como se ha titulado en España. Hay «encendidas discusiones» sobre si la señora está friendo un huevo o lo está escalfando, y si es aceite o agua lo que contiene el anafe. Yo, sinceramente, si me tuviese que jugar el sueldo, diría que los está friendo. Pero tampoco pondría la mano en el fuego, o en el aceite.

Los bebedores de absenta

EDGARD DEGAS

1876

Ella le dejó de querer hace tiempo. No queda nada de lo que un día se llamó amor, aunque esta mañana, mientras se vestía, pensó que quizá aquello ni siquiera pudo llamarse amor. Se encontraron en un bar y empezaron a beber, y siguieron bebiendo hasta hoy. Era divertido al principio, pero casi sin darse cuenta comprobó que solo bajo los efluvios de la absenta eran capaces de reconocerse y de encontrarse. La vida solo transcurría de noche, en noches sin fin. Las mañanas eran para el mal humor, los reproches y la falta de rutina. Se bebían uno a otro, sin más objetivo que aguantarse.

No recuerda un momento de intimidad que no estuviese marcado por el alcohol, ni un instante en el que no todo fuese estridente y ruidoso. Los besos eran tan salvajes que dejaron de excitarla pronto. Añoraba una caricia, como las que añora un perro callejero. Sabía que no llegaría nunca, y esa bebida que les unió la primera noche terminó convirtiéndose también en el único refugio posible, de tal manera que era imposible salir de aquella frenética espiral en la que se limitaba a dejarse llevar, como una gorgonia en el océano. Solo añoraba la hora de meterse en la cama, intentar no rozarse con él y cerrar los ojos para escapar a otros días, lejos de estos, lejos de París, de la intelectualidad que nunca les miró como miembros de su club. Lejos de la ciudad de la luz, apagada para ellos.

Edgard Degas

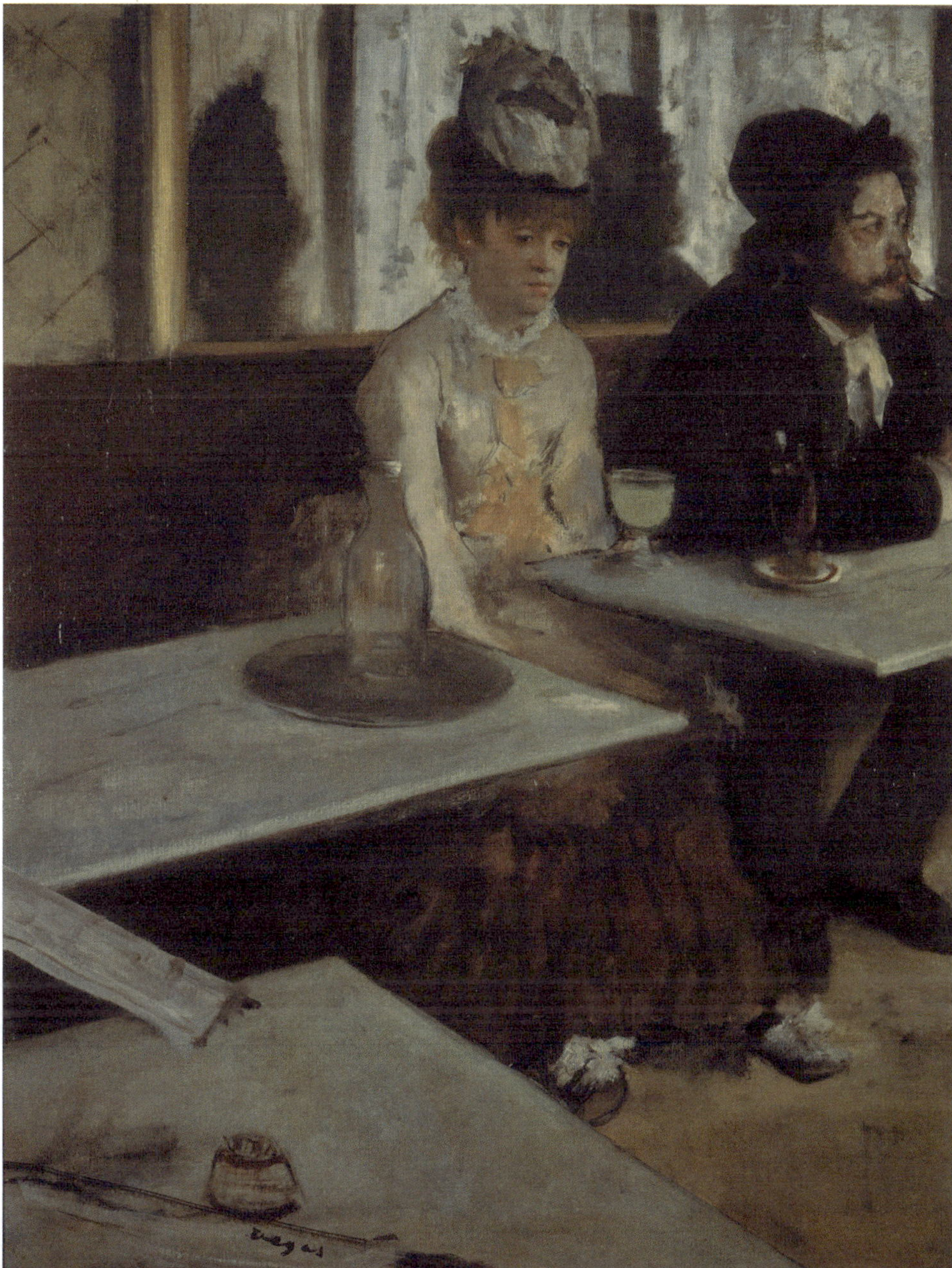

Los bebedores de absenta

Lo mira y no lo reconoce, y no puede tampoco reprocharle nada. Nunca ha sido violento, nunca ha tenido una palabra más alta que otra. Siempre que han discutido ha sido borrachos y en igualdad de condiciones, en el mismo tono. Pero él le asquea, no soporta sus manos ni su mirada, su olor a tabaco, su forma de tirar el futuro por la borda. La gana se tornó desgana hace tiempo.

Toca pasar otra tarde en este Café de Nueva Atenas. Nadie se sentará a conversar con nosotros, como pasaba antes, hace años. La tristeza y el fracaso se huelen desde lejos, los llevamos dibujados en esta cara machacada que ahuyenta a los que un día se hicieron llamar amigos. Él se pone recto e intenta disimular cuando aparece por aquí algún poeta o pintor del que se empieza a hablar. Incluso me da pena cuando pasan de largo sin mirar, aunque saben que estamos aquí, siempre estamos aquí. Pero hemos dejado de ser visibles, somos manchas borrosas, incómodas. Sombras que se mueven por la ciudad, seres extraños casi para cualquiera. Pasarán dos o tres horas más y, cuando empiece a bajar la temperatura y, a pesar de la bebida, el frío se cuele por los agujeros de nuestra ropa, emprenderemos el camino de vuelta a casa. A ese apartamento de este barrio de Pigalle que ya no nos reconoce. Nos meteremos en la cama; las sabanas estarán frías. Nos daremos un «buenas noches» notarial y cada uno mirará para un lado. Seguro que él también viaja lejos, a otros días, a otras horas, a otros brazos.

La cabeza me da vueltas; estoy mareada. Creo que estoy mareada desde hace tanto tiempo que vivo como si siempre estuviese en la cubierta de un barco. Mañana todo volverá a ser igual, aunque mañana nos ha citado un pintor en el Atenas para retratarnos. ¿Qué interés tendremos dos personas derrotadas para aparecer en un cuadro? Da igual, lo paga bien. Eso garantiza más absenta sobre la mesa.

Edgard Degas

Hay muchas maneras de describir esta obra. Cada uno puede construir su propia historia alrededor de esos dos personajes que parecen desconocidos a pesar de compartir mesa. La mirada de ella es probablemente la que más literatura tiene. Su mirada perdida y ausente hace volar la imaginación de quien se sitúa delante del cuadro. La del hombre, siendo también lejana, parece menos melancólica. En cualquier caso, a la hora de construir o ficcionar esta obra de Degas no hay que pasar nunca por alto un tercer personaje: la absenta. Esa bebida maldita, prohibida a principios del siglo XX, que consumió a toda una generación de artistas como Baudelaire, Van Gogh, Lautrec o Rimbaud. Una bebida a la que se culpó de la muerte de muchos franceses en el siglo XIX y a la que se demonizó definitivamente después de que un hombre matara a su esposa e hijas tras negarse la mujer a limpiarle los zapatos.

Degas era un impresionista urbano. Prefería la ciudad y sus consecuencias al campo abierto de sus compañeros de movimiento. Aquí sitúa su punto de mira en un café que existió hace un siglo, el mencionado Café de Nueva Atenas, punto de encuentro de la intelectualidad parisina desde que abrió sus puertas en 1871 hasta mediados del siglo XX. Aunque lo pintó en su taller, es casi seguro que Degas reprodujo la escena que vemos en la terraza de ese café, pintándola desde una esquina, como si estuviese sentado en una mesa cercana y espiase la no conversación de esta pareja. Todo tan preparado y planificado que da sensación de ser real. La mejor improvisación suele ser así.

Decimos «preparado» porque ella es una actriz, Ellen Andrée, conocida en esa época, que fue modelo para otros pintores. Puede ser divertido, o al menos a mí me lo parece, buscar a Ellen en otros cuadros en los que la encontraremos menos triste. Es la mujer de la izquierda en *El café,* de Manet, que también la retrató en *Pareja en Père Lathuille*. Podemos encontrarla además en *El final del almuerzo*, de Renoir, para quien también posó en el multitudinario *Almuerzo de los remeros* —pero ahí ya no diremos dónde está; descúbranlo ustedes—. Más dio que hablar el desnudo que protagonizó para Gervex titulado *Rolla*. Eso sí, Ellen pidió que su cara no se reconociese bien: tenía veintiún años y no quería comprometer su carrera de actriz ni que su padre se llevara un disgusto.

El mismo año que Degas pintaba este cuadro, Marcellin Desboutin dibujaba a Degas al menos en un par de ocasiones. Viene a colación porque Desboutin es precisamente el hombre que protagoniza junto a Ellen esta pintura. Era amigo de Degas y ambos se dejaban ver por los mismos cafés y con las mismas compañías; eso cuando Degas se dejaba ver, que no era muy a menudo. Desboutin fue, a mi juicio, un excelente dibujante que retrató a algunos de los personajes relevantes con los que se fue cruzando por aquel lejano y artístico París. Son estupendos sus estudios de manos y también los dibujos dedicados a sus hijos. No era mal pintor, pero fue su habilidad para el grabado lo que le granjeó mayor fama. Son retratos vivos, circunstanciales, poco preparados. En ocasiones, el modelo parece como si no estuviese avisado. Desboutin llegó a París tres años antes de sentarse para Degas en ese café. Entre los retratados de Desboutin encontramos al escritor Émile Zola, que en 1877 escribió *La taberna*, una obra que reflejaba los estragos que estaba causando la absenta en la sociedad francesa. Cuentan que un día Degas le preguntó a Zola por este libro y que el novelista le contestó que se había limitado a describir alguno de los cuadros del pintor. Tal es el realismo de su obra que Degas tuvo que decir públicamente que este cuadro era ficción basada en hechos reales, porque la gente empezaba a sospechar que la actriz

Ellen Andrée y el grabador, pintor y escritor Marcellin Desboutin tenían problemas con la bebida.

Después de cumplir los cincuenta se acrecentaron los problemas de vista de Degas, motivo por el que pasó del óleo al pastel. Nunca le gustó la etiqueta de impresionista, prefería que se refiriesen a él como realista. Además de pintar —y de sucumbir al hechizo de la fotografía, que por aquellos años daba sus primeros pasos—, se dedicó también a la escultura, una disciplina en la que se volcó cuando sus ojos empezaron a no distinguir bien las formas. Tras su fallecimiento descubrieron en su taller más de un centenar de figuras realizadas en cera; muchas de ellas se pudieron fundir en bronce.

Al hombre que mejor pintó a las bailarinas —iba con mucha frecuencia a la Ópera de París para estudiar sus movimientos— nunca se le conoció amor o pareja. Conocidos son su misoginia, su antisemitisimo —a raíz del caso Dreyfus— y su carácter huraño, casi asocial. Una de sus máximas era que la soledad era la única aliada del artista. Murió solo, en 1917.

Camille Monet en su lecho de muerte

CLAUDE MONET

1879

Tantos años pintándola camuflada entre la naturaleza, colores alegres que disimulaban nuestras penurias. Rodeada de vegetación, de flores, de aire que encerrábamos en un lienzo. Se podía respirar dentro de esos cuadros, la vida era feliz al menos ahí dentro. Las penurias quedaban lejanas si corría ese aire, si la primavera siempre estaba presente. Nuestros días eran magentas y cian y amarillos y naranjas y verdes. No comíamos, pero reíamos; no pisábamos grandes salones, pero la hierba era nuestra particular alfombra. Y ahora te veo gris. Has llegado al gris después de un amarillo que nada tiene que ver con aquellos amarillos de hace unos años. El tuyo es un amarillo apagado que transparenta tu osamenta, y ahora el gris comienza a recorrerte, a conquistar cada rincón de ese cuerpo que tantas veces he dibujado, he pintado y he visitado.

Te apagas, como esas flores que cogíamos de los jardines y que creíamos imperecederas. No termino de creer que te estés marchando. No puedes ser aquella chica llena de luz que posó paciente con aquel vestido verde. ¿Recuerdas?, tuvimos que alquilarlo. ¡Qué difícil fue encontrar uno de tafetán que diese el efecto que necesitaba! ¿Y cómo me sugeriste que mejor te pintara sin verte la mirada, entre coqueta y tímida? Me río imaginando a Édouard [Manet] recorriendo el Salón

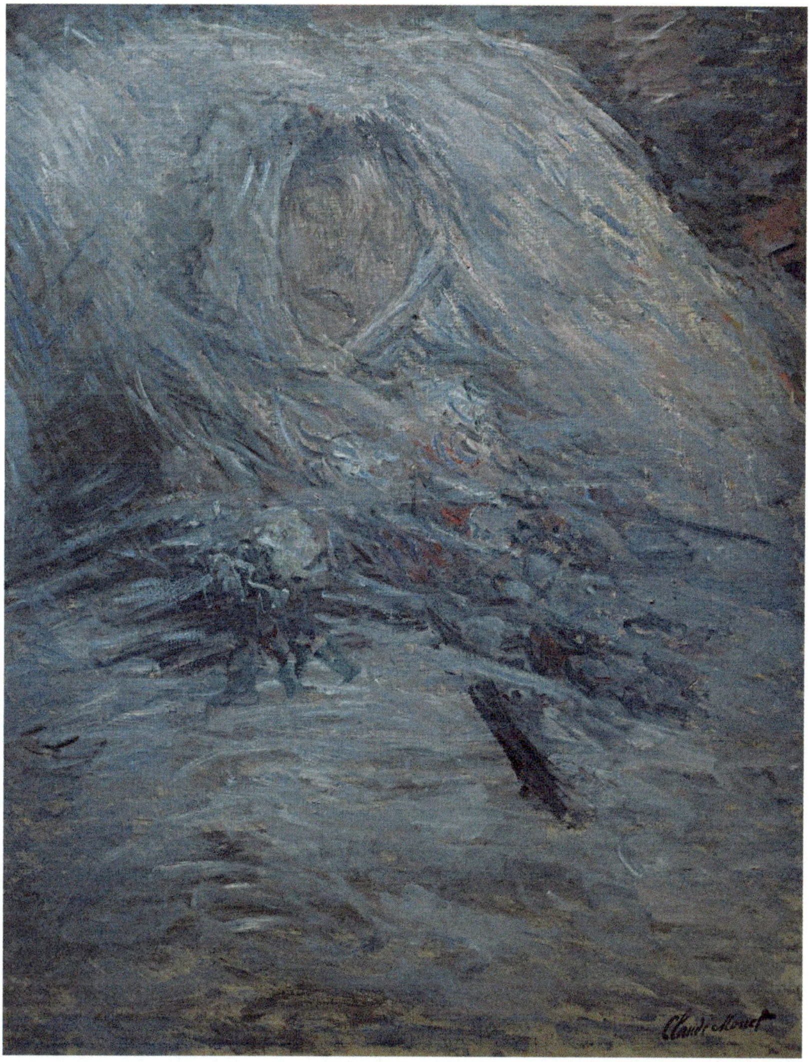

de Exposiciones de aquel año recibiendo felicitaciones por esa pintura, enojado, diciendo a todo el mundo que no era suya, que él era Manet. Menos mal que nos hicimos amigos luego.

Camille Monet en su lecho de muerte

Nos duró poco el dinero. Las deudas crecían y el frío también. No te mueras, no te vayas, no he sido justo contigo. Te he engañado, te he traicionado, pero siempre has sido el cuadro que quise pintar, incluso antes de saber de tu existencia, incluso antes de creer que podía ser pintor. Te quise pintar desde la primera vez que empuñé un lapicero en presencia de Eugène [Boudin].

Estás fría, el gris empieza a tornar en azul, un azul que en nada se parece al que nos sirvió de cobijo tantos días. Nunca he visto un cielo con este azul. Te vas, amor mío, y te vuelvo a pintar. Es lo único para lo que creo que sirvo. Espero que sepas perdonarme.

El Monet que probablemente se lamentara de esa manera en el lecho de muerte de Camille Doncieux es casi seguro que tenía una amante, Alice Hoschedé, esposa de uno de sus últimos y arruinados mecenas. Camille moría poco después de dar a luz a su segundo hijo, Michel. Tenía treinta y dos años.

Monet y Camille se conocieron catorce años antes, ella con dieciocho y él con veinticinco. Los presentó Frédéric Bazille y, nada más verla, la invitó a posar para él en *Almuerzo sobre la hierba,* una obra monumental de seis por seis metros que el artista tuvo que dar como fianza para poder pagar a su casero y que, más tarde, sufriría diferentes avatares que han provocado que no haya llegado entera a nuestros días. Ese *Almuerzo sobre la hierba* sería el primero de los muchos cuadros en los que encontramos a Camille, que llegó a posar también para otros compañeros de Monet como Renoir, en *Mujer recogiendo flores.*

La relación de Camille y Monet nunca fue bien vista por la familia del artista, que amenazó con dejar de mantenerlo si no renunciaba a ella, incluso después de tener a Jean, su primer hijo. Monet seguía jugando al despiste con su tía y su padre, sin atreverse a dar el paso de irse a vivir definitivamente con Camille.

De Camille podríamos saber mucho más si no fuese por la furia o los celos de la segunda mujer de Monet, Alice Hoschedé, que al parecer obligó a su marido a destruir toda la correspondencia y fotografías que daban testimonio de la relación. Solo una imagen escapó de esa destrucción y es la que ha servido para ilustrar su biografía, solo una fotografía del amor de su vida. Quedan los cuadros, que por suerte se conservaron. Quedan Camille con sombrilla, Camille en un banco, Camille en una ventana, Camille en casi cualquier lugar imaginable. Hay una obra que llamó mucho mi atención cuando la vi en persona. Se titula *La playa de Trouville* y fue pintada en 1870 durante la que, se supone, fue la luna de miel de la pareja, un viaje que también sirvió para que Monet no fuese llamado a filas. Ese cuadro, en el que vemos a Camille y a *madame* Boudin —esposa del primer maestro de Monet—, refleja un instante de felicidad dentro de la rutina. Camille, de blanco, con la cara sin definir y la mitad en sombra, perdida en sus pensamientos. La señora Boudin, de negro, leyendo, ajena a todo. Si uno acerca mucho el ojo al cuadro podrá observar manchitas marrones sobre el traje de madame Boudin: son granitos de arena de la playa que salpicaron el lienzo y quedaron ahí para siempre. Es la espontaneidad llevada a la máxima expresión, una especie de fotografía pictórica, captar el momento, la luz y el aire.

Fue un día feliz y ventoso de playa. A poca distancia de esa playa Monet establecería, tiempo después, su residencia fija durante muchos años, en Giverny. Creó un jardín, con su estanque de nenúfares, que él veía como una especie de cuadro viviente. Lo pintó decenas de veces, todas diferentes. De sus jardines saldría la serie *Los nenúfares* y en esos jardines apreciamos también su devoción por la cultura japonesa, como demuestra el puente verde, que también pintó. Fueron los tiempos de opulencia del artista, al que visitaban compañeros y autoridades. Atrás quedaban las deudas y los alquileres impagados. Un esplendor del que no disfrutó Camille.

Monet, ya sabemos, fue el padre del impresionismo, un término que se acuñó de forma casi accidental después de que un crítico viese en París su cuadro *Impresión, sol naciente,* en el que, influido por el conocimiento de la obra de Turner, la vaporización invade todo el lienzo. En aquella crítica se leía: «Buscar una impresión en el espectador era la principal intención».

Si han visto ese cuadro podrán comprobar que no hay figuras humanas. Desde la muerte de Camille esa será una característica constante en la obra de Monet. Podemos encontrar cuadros en los que «sale» alguien, pero ese alguien ya no tiene la importancia que tenía antes. Ahora la figura humana es solo una excusa para fijar el paisaje, para darle toda la importancia al fondo. Su producción se vuelve borrosa, difuminada, va girando —sin saberlo— hacia la abstracción. Algunos expertos afirman que las cataratas que sufría influyeron decisivamente en su manera de apreciar el mundo. De repente su mirada es una mirada velada, con neblina.

Lo que resulta evidente es que su pincelada fue cambiando. Se volvió más gruesa y repetitiva, y los colores de su juventud son ahora de otra tonalidad. En una carta de 1918 escribe a George Clemenceau, primer ministro y jefe de Gobierno durante la Tercera República francesa, que se convirtió en protector de muchos pintores de la época:

> No logro percibir los colores con la misma intensidad que antes. Los rojos parecen como lodosos, como rosas insípidos, y no

puedo captar los tonos intermedios. Pinto oscuro, como en las pinturas antiguas, y cuando comparo estos cuadros con mis trabajos anteriores me dan ganas de rasgarlos con la navaja.

Esos colores probablemente se le empezaron a escapar aquella noche junto al lecho de muerte de Camille, esos grises y esos amarillos que ya no eran los amarillos de juventud. Con la muerte de Camille algo cambió en la vida de Monet.

Quizá el color fue el primer cambio.

La casa junto a la vía del tren

EDWARD HOPPER
1925

No asoma nadie por ninguna de las catorce ventanas que se muestran a la vista, a las que habría que sumar al menos otras tantas en la parte de la casa que permanece oculta. No hay nadie, pero uno cree ver sombras moverse de una estancia a otra o detrás de las cortinas, algunas de ellas semicerradas. No hay nadie, pero se intuye a alguien. Si de ese cuadro brotara un grito, no nos extrañaría; si a lo lejos escucháramos una sirena de policía, no nos extrañaría. Es una casa dominada por la luz y la sombra, y es la sombra la que suscita mayor angustia. Quién vive ahí, por qué no tiene un perro que humanice el paisaje, por qué no sale a recibirnos y aporta humanidad a esa vetusta mansión, que parece haber sido abandonada, sin mucha nostalgia, por alguna familia que prefirió la ciudad al ruido del tren que cada día pasaba por delante de su imponente fachada.

Ahora se ha quedado sola, vigilando a viajeros que nunca se detienen ante ella, que incluso ni la miran al pasar. Ella absorbe el humo del progreso, que oscurece el otrora inmaculado blanco de sus muros. Quedan ella y sus fantasmas, los de todos los que la habitaron y recorrieron sus pasillos, y subieron y bajaron por una escalera que alcanzaba hasta ese torreón, desde el que pueden observarse las tres chimeneas que se necesitaban para calentarla en los duros inviernos del estado de Nueva York.

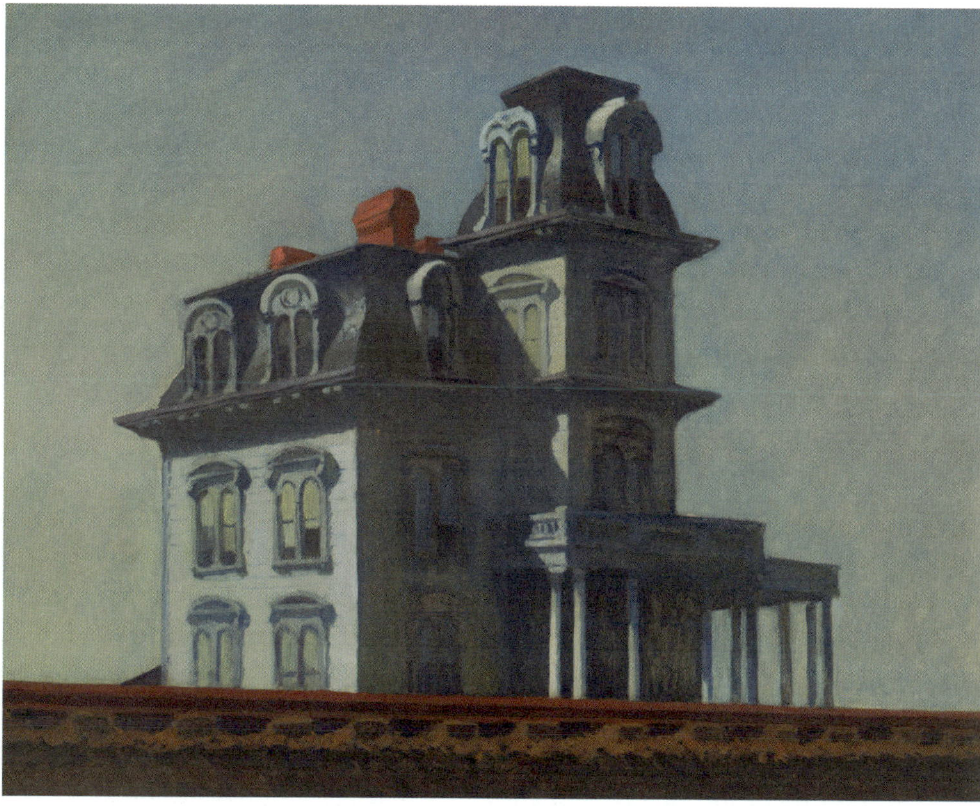

Nadie nos recibe en el porche de nueve columnas; y, visto lo visto, casi mejor. No conviene jugar con lo que no se ve, puede que si un día decidimos apearnos del tren y llamar a la puerta nos reciba Norman Bates o su querida madre.

Casi cuarenta años después de que Edward Hopper pintara esta obra, otro genio, llamado Alfred Hitchcock, la construyó en un estudio en California y la convirtió en una protagonista más de *Psicosis*, la morada de Norman Bates. Quizá por eso, al ver el cuadro, los que hemos sufrido con la película sentimos esa desazón, esas ganas de salir corriendo y no parar hasta el núcleo urbano más cercano. Pensamos que en el interior de ese cuadro tuvo lugar un asesinato, en uno de los cuartos de baño, en la ducha, en una secuencia de setenta y ocho planos y cincuenta y dos cortes, con la música de Bernard Herrmann de fondo. Esa secuencia golpea nuestro pensamiento cada vez que nuestros ojos se cruzan con esta obra fundamental en la carrera de Hopper. Si tienen internet a mano busquen el vídeo en el que Hitchcock habla de su película desde la casa que mandó construir como escenario para ese icono del terror que fue *Psicosis*.

Este lienzo, al margen del desasosiego que provoca en el espectador, marcó para siempre la carrera de un artista que hasta 1926 no había podido vivir de sus cuadros. Hopper estuvo a principios del siglo XX en un París en el que todo el mundo quería estar, o al menos todo el mundo deseoso de ser artista y vivir, y donde dedicó más tiempo a la ilustración que a otra cosa. Pero París se quedaría para siempre en su interior y no es descabellado pensar que, de alguna forma, París está también en el interior de esa casa, en ese estilo de buhardillas o en esas ventanas. Una casa victoriana que parece haber naufragado en mitad de un territorio infinito.

Es esta casa la que le pone definitivamente en el mapa artístico estadounidense. La pintó en 1925 y al poco tiempo se la vendió a uno de los grandes coleccionistas del país, Stephen Clark. El mundo del arte giró entonces la cabeza hacia la figura de un hombre que a partir de esa fecha iba a encadenar un éxito tras otro y a acuñar lo que me atrevo a bautizar como «teoría de la incomunicación presencial», que hoy en día sigue de plena vigencia.

La incomunicación presencial es aquella que se produce cuando dos personas están muy cerca pero, paradójicamente, alejadísimas una de otra. En obras posteriores, como la famosísima *Chop Suey*, o en *Habitación en Nueva York*, o en *Nighthawks* (que tantos planos cinematográficos ha inspirado también), uno puede ver a gente que comparte espacio en bares o cenando y que, sin embargo, dan la sensación de estar en la más completa soledad. No hay miradas y mucho menos palabras entre ellos. Una soledad llevada al extremo es la que mora en una de sus obras más conocidas —y que tantísimas portadas de libro ha ilustrado—, *Habitación de hotel*, que se puede ver en el Museo Thyssen. Una incomunicación acompañada, una incomunicación que, paradójicamente, nos habla directamente de la complejidad de las relaciones humanas, de la enorme capacidad que tenemos para mirarnos sin vernos, para hablar sin escucharnos. Un siglo después de que Hopper la plasmara en sus obras sigue ahí, no es difícil encontrarla cuando en un bar o un restaurante vemos a dos personas sentadas en la misma mesa mirando el móvil, cada una inmersa en otro sitio que no es ese. Si Hopper viviera hoy, seguro que retrataría esa soledad. Recomiendo, en este caso, echar un vistazo al trabajo del fotógrafo americano Eric Pickersgill, que ha borrado de numerosas imágenes cotidianas el teléfono móvil de los protagonistas, creando escenas que rozan lo ridículo.

Edward Hopper y su mujer, Jo, recorrieron Estados Unidos en diferentes ocasiones. En esos viajes al pintor parecía interesarle más lo humano y lo nostálgico que lo salvaje; el realismo como instrumento para radiografiar un bar, una casa, una ciudad, un país o una sociedad.

Pintar personas que vagaban entre la euforia y la gran depresión. Sus obras las pueblan hombres y mujeres que parecen vencidos casi siempre, que meditan o reflexionan sobre un pasado que no les satisface o el futuro ignoto que se cierne sobre ellos. Miran sin mirarse o miran al infinito, como si en el infinito estuviese la respuesta.

Esos personajes son también los que parece que en cualquier momento van a llenar las habitaciones de esta casa. Llegarán en el tren de las cinco y, poco a poco, darán vida silenciosa a cada uno de sus rincones. Y empezará a salir humo por cada una de las chimeneas. Y veremos sus caras asomadas a las ventanas, tiñendo con el vaho de su respiración el cristal. Cada uno refugiado en su guarida, ajenos al devenir de los días y las noches, a salvo de un tiempo que les supera.

Quizá en esa casa no viva Norman Bates, quizá en esa casa vivan un puñado de infelices buscando respuestas.

Vista de la playa de Scheveningen

HENDRICK VAN ANTHONISSEN

h. 1640

Quizá —y solo quizá— al terminar el cuadro se retiró y, retrocediendo unos cuantos pasos, lo miró con la perspectiva que dan dos metros o tres. Lo repasó con los ojos bien abiertos y esbozó una breve sonrisa de satisfacción. La escena que se veía ahora en su estudio le trasladaba a aquel día de invierno en la playa de Scheveningen. Un día color plomo, de frío, o al menos así lo recuerda él. Un día en el que el mar no parecía el mar azul que su pincel quería pintar una y otra vez. Era un mar que se fundía casi con el cielo, algo más claro, pero dominado también por nubes que no traían agua.

Aquella mañana, paseando por la arena, lo primero que vio fue un tumulto de gente. Dada la distancia, solo distinguía manchas. Al desviar su mirada hacia el agua apareció otra mancha, esta de gran tamaño. Aceleró sus pasos, que fueron sembrando tras él una estela de huellas desordenadas. Se mojó sus botas de piel, recién compradas a un artesano local. Cuando estuvo cerca, lo primero que le llegó fueron los murmullos, un sonido no definido de voces masculinas y femeninas y la de un niño gritando entre ilusionado y temeroso. Volvió a mirar hacia el agua y vio cómo la enorme mancha dibujaba la silueta de una ballena, varada, moribunda, agonizante. Le pareció estar en mitad de un sueño al observar a un hombre subido a ella. La recorría como el que se adentra en un territorio inexplorado o

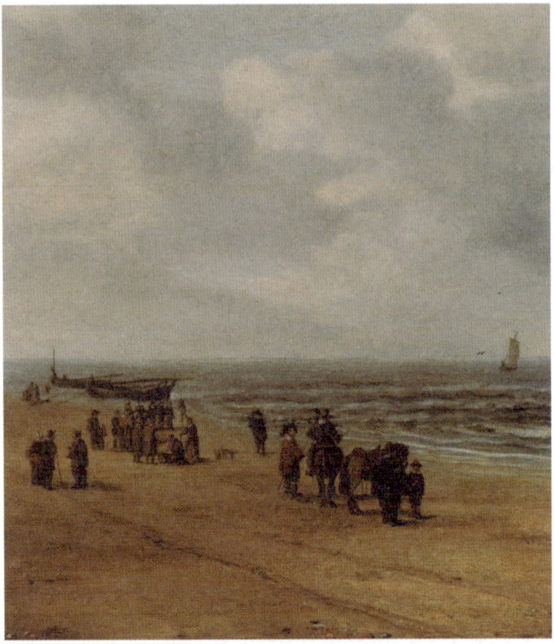

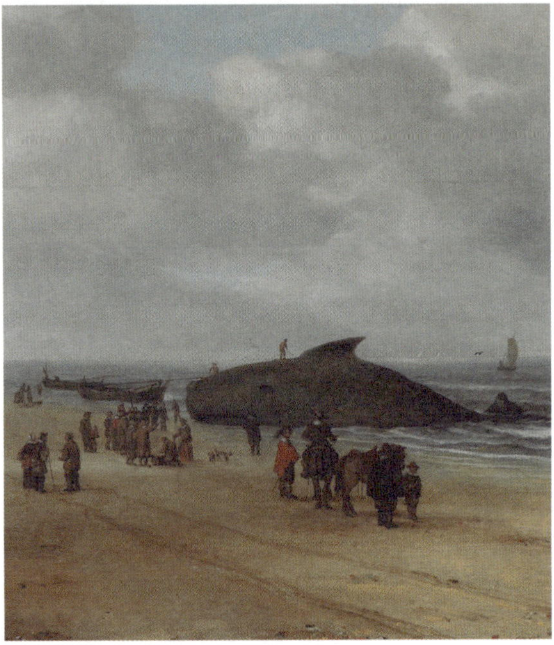

Hendrick van Anthonissen

como el que alcanza la ansiada cumbre de una montaña. Le llamó la atención que las caras de los lugareños no fueran de sorpresa. Al preguntar, dijeron que era habitual que de vez en cuando apareciera una ballena en la orilla. En aquellos años la caza de ballenas se había multiplicado en Holanda y algunos de estos animales cambiaban su ruta para evitar ser presa de uno de los cientos de barcos que salían a por ellas.

Retrocedió varios metros, como haría en el estudio un mes después. Fijó en su cabeza el momento: los grupos de personas arremolinadas, el escalador de ballenas y la aleta del cetáceo que, desde su posición, coincidía en altura con una de las lejanas torres de la ciudad de La Haya. Tomó apuntes, llenó los pulmones de aire frío y salitre y sus huellas emprendieron tras él el camino de vuelta. Ni entonces ni luego en el estudio sabría que durante muchos años su obra sería muy diferente a lo que acababa de ver y, más tarde, pintar.

Un par de siglos después nadie quería comprar un cuadro con un animal muerto. «Parece un funeral», repetían una y otra vez. Así que, en algún momento, alguien decidió eliminar cualquier rastro de la ballena repintando, donde estuvo su cuerpo varado, el mar de aquel mediodía lejano. Una marina decora cualquier salón; una marina con una ballena muerta en la orilla lo entristece. Quien más tarde adquiriera aquella pieza nunca debió preguntarse qué hacía toda esa gente en la playa, un día tan áspero, mirando hacia el mar. Nadie se lo preguntó durante años.

Junio de 2014. Shan Kuang, estudiante de conservación en la Universidad del Museo Fitzwilliam, de Cambridge, cursa un posgrado en el Instituto Hamilton Kerr. A Shan, una apasionada de su oficio, le encargan la restauración de una modesta marina titulada *Vista de la playa de Scheveningen,* un cuadro sin demasiado interés donado a finales del siglo XIX por Edward Kerrich y que ahora necesitaba una pequeña limpieza antes de ser expuesta.

La obra combina colores tierra con azules de diferente intensidad. Los tierra para la arena y los personajes que permanecen en la playa, y los azules para el cielo gris y el mar invernal. Por la luz y la hora a la que cae la noche en Holanda todo indica que pretende emular un mediodía o las primerísimas horas de la tarde. Shan se pregunta qué hace esa gente en la playa, pero no le da más importancia. Su misión es limpiarlo para que sea exhibido en la colección en la sala dedicada al siglo de oro neerlandés del Museo Fiztwilliam.

Las pinturas al óleo suelen llevar una capa de barniz que el paso del tiempo termina amarilleando. Shan debía quitar ese tono amarillo, que se concentraba sobre todo en un trozo de mar de la obra.

En el mundo del arte, como veremos en otros cuadros, los procesos de limpieza han sido en ocasiones el peor enemigo para su conservación. Se han llegado a limpiar obras con agua y jabón, o incluso con patatas, cebolla y migas de pan. Por suerte, los métodos se han ido perfeccionando y ni Shan ni otros muchos colegas suyos, que tanto hacen por la conservación, tienen que llorar cebolla en mano. Hoy los talleres de restauración están llenos de emulsiones, disolventes orgánicos, disolventes gelificados, jabones de resina y demás productos que persiguen trastocar lo menos posible la obra que se quiere restaurar. No hay un tratamiento universal; los cuadros son como las personas, cada uno necesitará un cuidado específico y personalizado porque el camino que lo ha llevado hasta el taller es diferente, al igual que sus —casi siempre— ajetreadas vidas. Hace unos años sorprendió una revelación del MoMA, el Museo de Arte Moderno de Nueva York. Sus conservadores declaraban que el polvo era el principal enemigo de una obra de arte. Hasta aquí todo normal. La sorpresa llegó cuando afirmaron que la saliva era una de sus grandes aliadas y que, por ejemplo, *Jarrón con flores,* de Picasso, se limpió con ese líquido que todos tenemos a mano (bueno, en la boca, para ser precisos). Eso sí, en el MoMA dicen que limpiar cuadros con saliva es cansado y lento porque no se puede estar ocho horas seguidas «escupiendo». Por eso existe también saliva sintética, que se vende en botes grandes; no es lo mismo, pero se le parece en cuanto a riqueza enzimática.

Pero, en este caso, Shan iba a necesitar algo más que saliva, sobre todo cuando se dio cuenta de que bajo el velo del barniz degradado había algo. Agarró el brazo de la lupa y apareció una especie de vela que emergía entre el amarillo. ¿Qué era aquella extraña aparición?

En la marina de Hendrick van Anthonissen alguien había repintado una zona cuyas dimensiones Shan no podía precisar aún. El bisturí siguió abriéndose paso en aquel punto del cuadro y lo que parecía una vela resultó ser una aleta. Después de los análisis, de los rayos X, y tras una todavía más exhaustiva limpieza, apareció una ballena, una enorme ballena que, aunque muerta, volvía a la vida —al menos artística— mucho tiempo después. Ahora todo cobraba sentido. Esa gente de la playa estaba ahí por la más poderosa de las razones: la curiosidad. Si el hecho se produjese hoy, con total seguridad pasaría lo mismo, con la diferencia de que al instante tendríamos cientos de fotografías en las redes sociales. De aquel día solo sobrevive un recuerdo en forma de pintura, el que reprodujo al óleo un Hendrick van Anthonissen al que hubiese entristecido —o enfurecido— ver cómo a la ballena se la llevó la corriente de las modas.

Probablemente Hendrick no habría ocupado ni un titular de periódico, ni un minuto de televisión, ni estas líneas que leen ustedes ahora, de no ser por el incauto que un día decidió repintar su cuadro y dotar del don de la invisibilidad a esa ballena. En 2014, cuando saltó la noticia, tuvo cierta repercusión, y ese fue el momento de gloria de un artista casi condenado al olvido. Un miembro del siglo de oro holandés que no brilló demasiado, un hombre del que no se sabe mucho, aunque sí que su cuñado, Jan Porcellis, fue uno de sus grandes maestros. Hendrick se dedicó principalmente al género de marinas, tan antiguo como el propio arte. Coetáneos suyos con algo más de nombre (lean esta frase con aire irónico), como Rembrandt con *La tormenta en el mar de Galilea,* también invirtieron tiempo en esos agradables cuadros destinados a casas de adinerados miembros de la clase alta. En el arte, la ley de la oferta y la demanda ha funcionado siempre. Así que Hendrick no iba a ser menos, era su especialidad, y aquella mañana gris, de cielo encapotado, en la playa de Scheveningen decidió añadir un elemento novedoso a una de sus composiciones. Lo que seguro no imaginaba era que lo que él vio no lo verían las generaciones posteriores, hasta que en un taller de restauración una enorme ballena, con un hombre en su lomo midiéndola, volvió a flote.

No es el primer caso, ni será el último, de obras que esconden otras. Veremos alguna más, aunque en ellas haya sido la precariedad económica la razón determinante para utilizar el lienzo de otro como soporte físico para una obra nueva, propia. Sea como fuere, la historia del arte está llena de ballenas varadas.

Madrid desde Torres Blancas

ANTONIO LÓPEZ

1976-1982

Prepara todos los utensilios, prepara la paleta y el caballete. Los colores ya los tiene dominados; podría dejarse la mitad en casa y no pasaría nada, pero le da seguridad cargar con ellos. Le traen de cabeza los matices del negro, tiene que encontrar la solución pronto. Esas ventanas están dándole más problemas de lo que había creído. No estará allí mucho tiempo, mucho más del necesario. La luz que busca solo se da unos minutos concretos y unos cuantos días al año. Hay un día muy especial, ese en el que el sol sale ampliamente victorioso sobre la luna, en el que la claridad se impone a las tinieblas, en el que todo se ve mejor durante un poco más de tiempo. El día que marca el inicio del verano: el 21 de junio. Es ahí cuando esa claridad se estira y estira y lucha con vehemencia hasta cerca de las diez de la noche.

«Es increíble cómo cambia la vida y la fisionomía de cualquier cosa dependiendo del mes en el que la mires. En noviembre, por ejemplo, sería impensable que pudiera hacer esta pintura», piensa, mientras le da vueltas al negro y termina de calzarse unas sandalias con calcetines y se encasqueta la vieja gorra roja de pintar. Van ya para siete los años que lleva yendo a lo alto del edificio diseñado por Sáenz de Oiza para pintar una nueva zona del Madrid que tanto le gusta pintar. Siete años que se traducen en veinticinco o treinta días a lo sumo, esos en los que la luz es la deseada, esa luz que tanto le obsesiona encontrar y que solo puede absorber al natural. Algún amigo le ha recomendado más de una vez que se compre una cámara de fotos y trabaje con esa imagen en el estudio, pero lo ve imposible: no le provoca emoción, no puede descifrar los códigos lumínicos de la misma manera. Así que ahí está, con la pinta de un turista extranjero, pero de Castilla-La Mancha, saludando al conserje y cogiendo el ascensor que le vuelve a dejar delante de su modelo, una modelo cambiante y caprichosa, que cada día es diferente e igual. Le quedan pocas pinceladas para terminar. Guiña el ojo derecho, vuelve a asomar la cabeza sorteando el lienzo y escudriña ese cielo tan famoso que es el cielo de Madrid. Sonríe cuando su mirada vuelve a tropezar con la Torre Iberia que ve al fondo y que ya tiene terminada. Ha pasado el tiempo, casi veinte años, desde que se subió a ella para pintar otro Madrid diferente y piensa que quizá allí, encaramado, esté el Antonio joven que ya entonces quería dominar la luz, el cielo y la vida cotidiana.

Ha oscurecido. Ya no le vale lo que ve, porque lo que ve es otro cuadro y no el que está a punto de terminar. Toca recoger de nuevo los aperos y dejar reposar la obra. Este año sí, este año la acaba seguro, aunque él piense que un cuadro no se acaba nunca porque siempre hay mil matices que corregir.

Recuerdo un par de veranos en los que una de mis obsesiones era ir a la Puerta del Sol para pillar *in fraganti* a Antonio López pintando. Por Madrid se rumoreaba que durante unos pocos días de agosto el artista de Tomelloso se plantaba en el centro de la ciudad para dar forma a uno de sus últimos proyectos. Una tarde me dieron el chivatazo y me presenté corriendo. Lle-

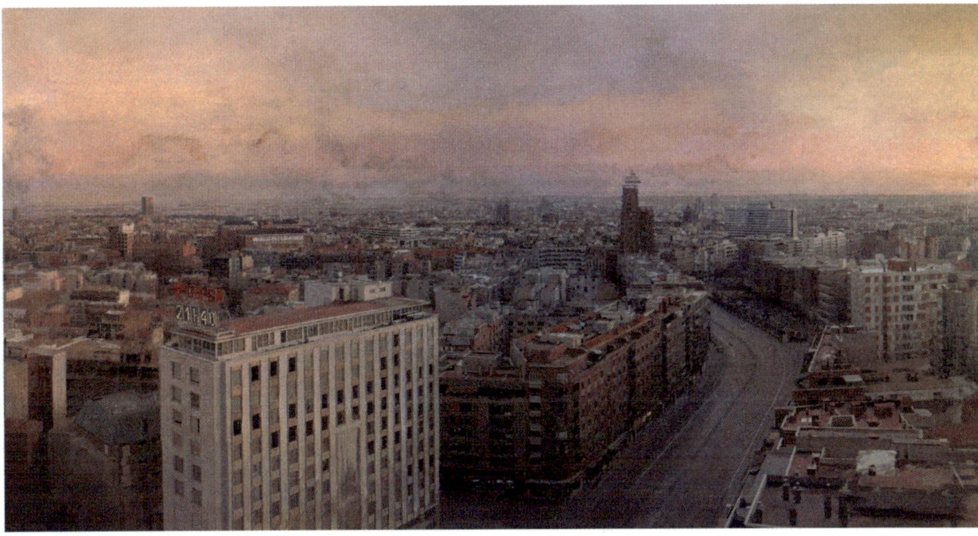

gué tarde, el cielo se había nublado un poco y la luz ya no le servía, así que recogió antes los trastos y se marchó. Me fijé en el suelo, donde se veían dibujadas las siluetas de dos pies. Al día siguiente, a la misma hora y tras ver el cielo despejado, volví y el tumulto me hizo sospechar lo que confirmé segundos después. Sobre los pies perfilados en el pavimento que había descubierto el día anterior estaba uno de los artistas más cotizados del mundo. Intentaba concentrarse a pesar de los cuchicheos y suspiros de la gente. Vi a una señora llorar; me dijo que para ella es como si, siglos atrás, alguien pudiese ver pintar a Velázquez.

Ajeno a todo, Antonio López seguía a lo suyo, apuntando al horizonte, viendo una y otra vez el sol caer sobre uno de los edificios de la plaza, dando pincelada tras pincelada. Cuando terminó me acerqué a hablar con él y me comentó que solo podía trabajar unos días concretos de agosto porque son esos en los que se le aparece lo que quiere plasmar, en los que la atmósfera es la que busca, en los que la luz cae justo hasta el punto

Madrid desde Torres Blancas

donde quiere que caiga. Años después le pregunté por el cuadro y me dijo que lo tenía un poco abandonado; demasiada expectación a su alrededor que le impedía hallar la calma que necesitaba, esa calma que seguro encontraba en lo más alto del edificio de Torres Blancas, desde donde pintó la obra que ilustra esta entrada.

Hay pocos artistas, que yo conozca al menos, tan obsesionados por la luz como Antonio López, tan perfeccionistas en su trabajo que el encargo de un cuadro puede provocarles ansiedad. En *Madrid desde Torres Blancas* se observa un cielo cambiante, un cielo irreal que es ya un clásico del realismo, un cielo que contiene cielos de varios días y luces de diferentes momentos. La luz, para este hombre parco en palabras, austero y silencioso, es un principio innegociable, es esa patria a la que retirarse, una aliada a veces o una feroz rival cuando se la intenta dominar. Es la luz de Rembrandt o Caravaggio, de quienes López recoge el testigo.

El cuadro que nos ocupa está lleno de curiosidades que cuesta apreciar si no es con una lupa o al natural. Estén tranquilos, porque a pesar de ser una obra perteneciente a una colección particular suele exponerse en cuanto hay una muestra dedicada al artista o al realismo, ese movimiento que capitaneó junto a un grupo de hombres y mujeres que pintaban como los ángeles, entre ellos su propia mujer, María Moreno.

Entre esos detalles destacan las inscripciones que encontramos en la parte central del lienzo, donde se puede leer: «21 de abril, 21 de mayo, 21 de junio, 21 de julio y 21 de agosto». Estos apuntes nos hacen suponer que fueron los días en los que fue a lo alto de Torres Blancas para trabajar, esos días concretos multiplicados por seis años, más los retoques que diese en el estudio. El reloj que se puede ver en el edificio blanco de la izquierda marca las 21:40. De todos los días antes mencionados, solo en el

21 de junio el día está así de claro a esa hora; quiere decir esto que es presumible que al cielo se dedicara los 21 de junio de 1976, 1977, 1978, 1979, 1980, 1981 y 1982. Los meses de mayo, junio, julio y agosto de esos mismos años, en los que los días son parecidos, pero no iguales, los emplearía en pintar el paisaje urbano.

Encontramos también cuentas hechas a lápiz: «475 : 16». O un «casi negro» en una de las ventanas de un edificio, o «un pelín» escrito en mitad de la calzada. Para qué llevar una libreta si tienes un enorme lienzo a tu disposición.

El cielo de las 21:40 de un 21 de junio debe ser ese cielo, aunque, como hemos dicho, haya matices de los cielos de otros días 21. El suelo probablemente lo pintó en agosto, cuando la gente está exiliada en playas lejanas o se ha batido en retirada al salón de sus casas buscando algo de fresco. El cielo es un cielo a punto de mudar de piel y con restos de contaminación. Es un cielo irrepetible hasta el año siguiente, como pasa con cada cielo de cada segundo de nuestras vidas.

Antonio López juega con el tiempo, pelea también por atraparlo y enfrascarlo. Sabe lo efímero que es todo y por eso desafía a la fugacidad con su pincel. Congela el instante de una ciudad sin personas, pero a las que creemos adivinar detrás de alguna de las ventanas. Lo urbano como paisaje para retratar una sociedad y sus cambios.

De todos sus cuadros solo tengo conocimiento de uno que haya hecho íntegramente viendo una foto. Es una vista aérea de Nueva York que pintó sin haber visitado la ciudad de los rascacielos, un cuadro poco conocido que forma parte también de una colección particular y que asombra por la perspectiva. Lo hizo después de ver la portada de un periódico, pero le resultó difícil pintarlo por no conocer los pequeños detalles de esa ciudad. Así que aprovechando que su amigo Lucio Muñoz viajó a Nueva York por aquellas fechas, le pidió que le trajera alguna postal y, sobre todo, que le describiera con detalle de qué color era. ¿Cuál es el color de Nueva York? Es difícil responder a esa pregunta. Imagino aquella conversación y hubiese pagado por asistir a ella y poder ver cómo Lucio le explicaba con calma la paleta de colores de una ciudad y sus calles.

A la hora de elegir una obra de este artista tuve dudas entre esta y una nevera abierta que pintó entre 1991 y 1994 y de la que tenía, claro, que ir renovando los productos frescos que contenía, como un pollo, para poder terminarla. Los dos son paisajes vitales: la ciudad en la que vivimos y el electrodoméstico que abrimos cada día confiando en que haya algo en su interior. No hay paisaje pequeño para Antonio López, sobre todo si tiene luz.

Los tres viajeros aéreos favoritos

JOHN-FRANCIS RIGAUD

h. 1785

«Entrar en el Taller de Restauración del Museo del Prado es como hacerlo en un quirófano. Batas blancas, gafas de aumento, lupas, silencio, limpieza y un olor a pintura, a trementina y a madera necesitada de mimos. Uno imagina a los cuadros sedados, anestesiados para que no les duela que escarben en su piel. A los trabajadores no les tiembla el pulso, manejan con aplomo los aperos y cuesta hasta apreciar su respiración. Cualquier fallo suyo puede modificar la historia de una obra de arte, desvirtuar el sentido con el que fue realizada, modificar su espíritu.

»Debo confesarles que la idea de hacer este reportaje surgió después de saber que uno de mis cuadros preferidos del museo, que suelo ir a ver con cierta frecuencia, había sido retirado para su cuidado. Se trata de *Los tres viajeros favoritos*, de John-Francis Rigaud, una obra sin mucho valor pero cuya historia me fue contada una y otra vez durante mi infancia. Para no aburrirles les diré que representa uno de los primeros viajes en globo que se hizo en Gran Bretaña, allá por 1785, y que en la escena aparecen el aventurero Vincenzo Lunardi, George Biggin, y la actriz Letitia Ann Sage, la primera mujer británica que montó en globo.

»El óleo ha ido perdiendo brillo, se ha ido oscureciendo hasta no dejar apreciar muchos detalles. Por ejemplo, la tela del globo representa la bandera británica y eso ya era casi imperceptible.

»Siempre ha habido mucho debate en torno a la restauración y la conservación de obras de arte. Ana María, jefa de este departamento, nos dice que la mejor restauración es aquella que no hay que hacer, pero que en ocasiones no queda más remedio. [...]

»Terminaré esta crónica tomándome otra licencia, espero que pronto estos tres lunáticos cuelguen de nuevo de las paredes del museo y podamos admirar en todo su esplendor esas caras. A ese cuadro, como imagino que ustedes a otros, le debo mucho, incluso le debo haber encontrado al amor de mi vida».

Quizá algunos, los más perspicaces, hayan reconocido el texto anterior. Es la crónica ficticia que firma Simón, el periodista enamorado que protagonizó mi primera novela, *El año sin verano*. Delante de ese cuadro Simón conoció al amor de su vida y por eso me hace ilusión traer de nuevo hasta estas páginas esa obra, menor para muchos, pero a la que tengo especial cariño y que pueden buscar en las salas del Museo del Prado. Piensen que probablemente no haya mucha gente arremolinada alrededor de él.

Del artículo ficticio que firmaba Simón hay un hecho cierto: que yo me encontré con esos tres viajeros aéreos en el taller de restauración del Museo del Prado, igual que es cierto que un taller de restauración es un lugar fascinante.

Los tres protagonistas del cuadro siempre me han hecho gracia, por sus posturas irreales y por la tragicómica historia que esconden. El posado, como habrán advertido, visto ahora roza

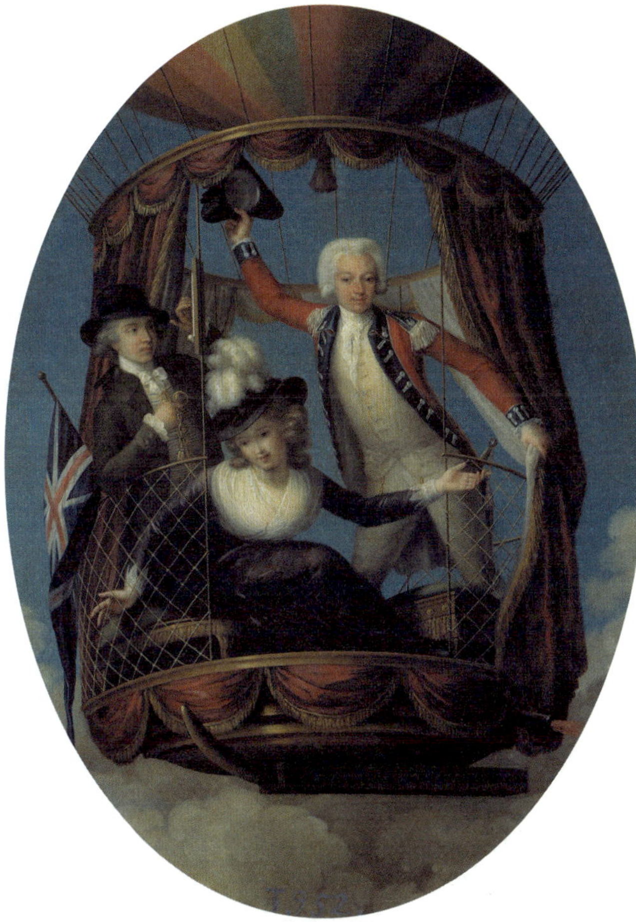

el ridículo. Los tres se preparan para lo que sería un momento histórico. Presentemos a sus protagonistas: ella es Letitia Ann Sage, una reconocida actriz de la época; el hombre que aparece de pie con casaca roja es Vincenzo Lunardi y el tercero en discordia George Biggin.

Pero hubo un problema con el que no contaban. En el vehículo volador debían viajar los tres, pero Letitia no era exactamente como aparece pintada aquí. Su peso era algo superior a lo que los pinceles dicen y, cuando se subieron los tres, el globo no pudo elevarse, así que Lunardi, con su galantería habitual y teniendo en cuenta que Biggin financiaba el viaje, abandonó la nave.

La conquista del cielo, ser capaz de volar, fue durante muchos años uno de los grandes sueños de la humanidad. Ahora nos desplazamos por el aire con toda normalidad, pero hace tres siglos el cielo era lo que la luna en 1969.

En la escena, que resulta forzada hasta el límite, apreciamos cómo Biggin mira interesado su reloj, controlando quizá el tiempo de vuelo, Lunardi saluda como el héroe que ya era en la Inglaterra de entonces y Letitia poco menos que está a punto de caer al vacío si se empeña en seguir asomándose.

Rigaud pintó el cuadro varios días antes de la aventura aerostática, porque existe una versión dibujada por él mismo que fue utilizada como folleto de propaganda para anunciar tan magno acontecimiento.

Vincenzo Lunardi era, de todos ellos, el auténtico revolucionario. Fue el primer hombre en elevarse en globo en Inglaterra, y eso no es poco logro. Lo consiguió en 1784, delante de más de cien mil personas que acudieron curiosas a ver si era cierto eso de que los pájaros no eran los únicos capaces de subir hasta el cielo. Lunardi despegó desde un campo de artillería de Londres y, tras permanecer dos horas y quince minutos en el aire, tocó tierra en Hertfordshire. Al parecer, y como era de actitud digamos que chulesca, hizo el viaje acompañado de una buena botella de champagne y dos muslos de pollo. El aterrizaje fue algo menos triunfal, pues los campesinos a los que pidió ayuda para sujetar la nave huyeron despavoridos al ver aquella cosa que se les venía encima desde cielo. Tuvo que acudir en su auxilio una joven lechera. El mismo Lunardi, años más tarde, haría varias exhibiciones de vuelo aerostático sobre el cielo de Madrid. La primera casi termina en tragedia porque hubo quien, al ver aquel «artilugio volador», empezó a lanzar piedras e incluso echó mano de una escopeta.

Letitia se convirtió en la primera mujer en elevarse sobre la tierra, la primera en subir unos metros —bastantes, tratándose del siglo XVIII— y mirar el mundo desde el aire.

El cuadro, de formato ovalado, es un óleo pintado sobre cobre y podemos considerarlo como la portada de una especie de «revista de sociedad» de la época: todos vestidos para la ocasión, todos poniendo su mejor cara, con una generosa dosis del Photoshop de entonces bien aplicado. Un cuadro, en definitiva, muy Rigaud, un artista que consiguió vivir holgadamente gracias a las obras decorativas que hacía de encargo para la ciudad de Londres y para las casas de campo de familias acaudaladas.

El arte es también esto. Es un cuadro al que se le tiene cariño más allá de su autor, de su contenido o de la maestría demostrada. Es un cuadro que de repente ves en un taller y te atrapa, sobre el que quieres saber más y termina convertido en protagonista de un libro.

No hay cuadro pequeño: hay cuadros que nos gustan o no nos gustan y hay cuadros que nos pueden gustar después de comprenderlos, porque alguien nos los descifra, o bien porque construimos nosotros mismos su propia historia.

El globo tocó tierra de nuevo poco después, con dos pasajeros que se habían bebido una botella de vino que arrojaron a tierra por uno de los costados de la aeronave. No sé si Letitia y compañía sabrían que la botella, al precipitarse a tierra por la fuerza de la gravedad que Newton había enunciado hacía tiempo, pudo haber causado algún daño colateral. Pero de eso no hay documentación, que sepamos.

La ronda de los presos

VINCENT VAN GOGH

1890

Camino en un círculo infinito. Doy vueltas que siempre me devuelven al mismo sitio, a una casilla de salida que, en mi caso, está más cercana a un final que a un principio. Mis pasos son lentos y tortuosos. Levantar la pierna es un ejercicio heroico. Me pesan las extremidades. Las siento fuera de mi cuerpo, intentando desprenderse de él para lograr sobrevivir. Cada vez que uno de mis zapatos impacta con el suelo mi cabeza retumba y el cielo se mueve. Y mis oídos estallan.

Una vuelta. Otra vuelta. Los muros rozan las nubes. Son infranqueables. Llegan hasta el infinito y se pierden de mi vista. No veo ya los campos de girasoles, son un vago recuerdo de días tranquilos, de paz interior. A veces me cuesta recordar el aire puro dándome en la cara, el sol acariciando mi piel, el olor a tierra y a vida. Mi existencia viaja entre grises y azules apagados, entre marrones y paredes contra las que choco una y otra vez. Mi mente piensa demasiado rápido, y se me atropellan los recuerdos, las ideas, el pasado y la certeza de un futuro cada vez más corto. Es terrible ser consciente de que tu futuro se acorta, se desdibuja y se convierte en una quimera.

Otra vuelta. He perdido la cuenta. El círculo se cierra, se estrecha. No escucho nada. Nadie habla. Alguna tos tuberculosa rompe el silencio. Podría morir ahora mismo y nada pasaría. Recogerían mi cuerpo, me llevarían a la enfermería y esperarían a que llegara mi hermano Theo para darme sepultura. Y se

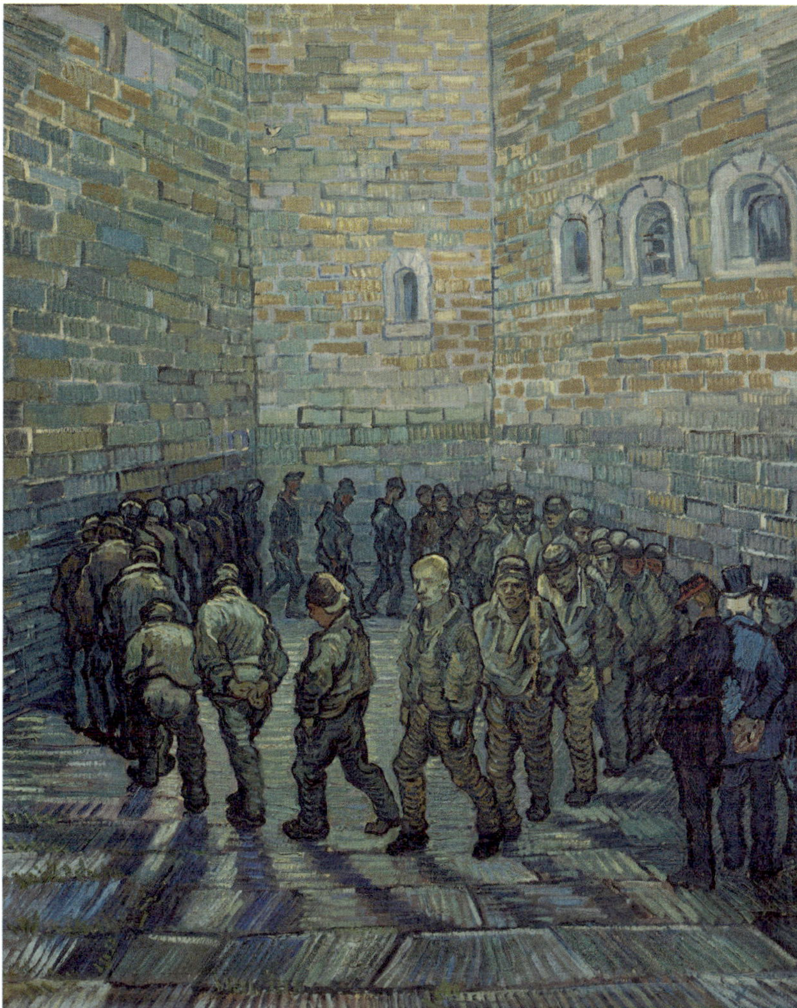

acabarían las vueltas, los pasos pesados, y mi cabeza podría descansar.

Somos treinta almas en pena con nuestras sombras a cuestas, describiendo imperfectas circunferencias. Porque olvidamos la línea recta, que es la que suele conducir a algún lugar. A nosotros nadie nos espera. No hay destino. Caminamos sin rumbo para regresar siempre al mismo lugar.

¿En qué momento me apagué por dentro? ¿Qué me trajo hasta aquí? ¿Dónde me quebré? Hace tiempo que no encuentro respuestas a los pensamientos que vomita sin orden mi mente. Solo sé que hay una cosa peor que el abandono de la razón, y es ser consciente de ello. Mis compañeros de procesión están locos y viven en su mundo alternativo. Yo vivo en el mundo real, pero sabiendo que visito el suyo a menudo. No sé si me entienden, pero vivo atormentado porque soy capaz de escuchar los truenos y los relámpagos. Y cuento después de un relámpago hasta que llega el sonido que parte el mundo y anuncia el fin.

Hasta aquí no baja el sol. En los días más luminosos algún rayo hace ademán de querer asomar, pero enseguida se da la vuelta. Hasta los rincones más oscuros de nuestro cerebro no llega nadie, salvo nosotros. Y ese es mi problema: voy y vengo de ellos con demasiada asiduidad, y a oscuras siempre.

Otra vuelta.

Vincent van Gogh sufría trastornos periódicos y por eso ingresaba voluntariamente en una clínica en Saint-Rémy-de-Provence. Poco después de haber pintado este cuadro durante uno de sus ingresos, se pegó un tiro en mitad del campo.

Es evidente que de Van Gogh uno espera ver seleccionados sus girasoles, o su habitación en Arlés, más que un cuadro como este, que encima es una copia de un grabado de Doré. Pero esa imagen, esa mirada que el personaje pelirrojo situado en el centro de la escena lanza al espectador, a nosotros, siempre me ha producido una enorme sensación de tristeza. Es la imagen de un hombre abatido, consciente de estar metido en un círculo vicioso del que le resulta imposible salir, encerrado en una espiral de sufrimiento de la que se apeaba de vez en cuando gracias a los pinceles y el aire libre, pero que, en ese instante, empieza a bajar los brazos admitiendo su derrota. Es un hombre que en la siguiente vuelta probablemente se convierta en una silueta más, como los otros que junto a él recorren el círculo. Dejará de ser corpóreo y se fundirá con ellos en una especie de desfile de desheredados, o desahuciados, que vagan porque no les queda elección. No hay peor cárcel que la interior, y eso representa esta obra: la cárcel sin barrotes que, sin embargo, no tiene escapatoria.

Durante sus ingresos en el sanatorio, Vincent van Gogh seguía pintando sin parar. En la habitación contigua a la suya se había habilitado una especie de taller donde, con su característico trazo gordo, seguía creando. Iba —acompañado— a los jardines y salía fuera para captar la esencia de lo que luego pintaría. Pero en uno de sus ataques la depresión creció de intensidad y se recluyó en la habitación sin salir, sin inspirarse. Tal vez por eso optó por copiar y eligió aquel grabado de Doré, porque reflejaba con terrible fidelidad su situación. Técnicamente esta obra es muy Van Gogh, con ese trazo grueso tan característico y las siluetas repasadas en negro.

De Van Gogh lo conocemos todo: su vida, su oreja cortada, su muerte, que no vendió ningún cuadro mientras vivía, que ha batido récords en subastas. Se han hecho películas, documentales, se han escrito novelas y contado mil y una leyendas sobre él que no han hecho otra cosa que hacer crecer el mito de un pintor genial que llevó el expresionismo a sus últimas consecuencias.

Sabemos todo de Van Gogh. Por eso a mí me ha interesado ese hombre que nos mira y sobre él me extenderé. Ese hombre, al mirarnos, mira el mundo exterior, mira la vida que podría ser y no es, mira el lugar donde le gustaría estar pero sabe que no puede habitar. Nosotros somos lo que él desea, nuestro día a día, nuestra existencia que, en ocasiones, creemos monótona o poco emocionante. Van Gogh envidia la normalidad y el aire que respiramos. Podría salir del cuadro, pero se ha olvidado de respirar y de estar en otro mundo que no sea el mundo de fantasmas que llena su cabeza.

Hay un rayo de esperanza en el cuadro, una vía de escape, un símbolo de la ansiada libertad que no es que haya sido cortada, es, simplemente, imposible de disfrutar. Ese símbolo son dos pequeñas mariposas blancas que se pueden adivinar en la parte superior del cuadro, en el segmento correspondiente a la pared central. Esas mariposas podrían vencer esos muros, doblegar el infinito y revolotear por el mundo que tanto añora ese hombre que, bajo la atenta mirada de un vigilante y ajeno a la conversación de dos señores con sombrero, sueña con ir con ellas y sentirse libre. Libre de esas cadenas invisibles y mentales que uno no sabe cómo romper.

Dos años antes de realizar esta pintura, Vincent van Gogh se cortaba una oreja tras una disputa con Gauguin —según la teoría más extendida— o después de recibir una carta de su hermano Theo anunciándole que se había comprometido.

Sea como fuere, ese episodio supuso un punto de inflexión en su vida y abrió para él un peregrinaje de ida y vuelta a clínicas mentales, durante el cual Vincent siguió pintando de manera brillante. Entre el momento en que se corta la oreja y *La ronda de los presos* se sitúa, por ejemplo, *La noche estrellada,* uno de los cuadros más reconocibles del pintor y que tantos fondos de pantalla de móviles y ordenadores ha ocupado.

Es curioso que a la mujer de Theo —probablemente una de las causantes indirectas del triste episodio— le debamos conocer a Van Gogh como le conocemos. Theo murió seis meses después que su hermano y Johanna van Gogh-Bonger, tras leer la correspondencia entre los hermanos, decidió ordenar, vender y cuidar la obra de su cuñado. Conocimientos no le faltaban, porque Theo era marchante, entre otros, de Monet. Recopiló toda la obra de Vincent, la clasificó y la dio a conocer. Organizó muestras de sus cuadros, que fueron un éxito.

El caso de Vincent van Gogh es un ejemplo de esos artistas cuyo talento va por delante de su tiempo. Su estilo, su manera de ver y de mirar estaban en el futuro que él, sin embargo, se había negado a sí mismo. Ese talento necesitaba orden y alguien que lo administrara y ese alguien fue Johanna, que se encargó de esa ardua tarea después de enterrar a los dos hermanos.

Porque el final de Vincent lo conocen de sobra. El 27 de julio de 1890 Vincent se pegó un tiro en el pecho en mitad del campo. Agonizaría durante treinta horas hasta descansar definitivamente y lograr, por fin, salir del cuadro.

Mujer con guitarra

MARÍA BLANCHARD

1917

Pinto lo que nunca podré ser y lo que jamás alcanzaré. Estoy en búsqueda constante, casi febril, de un ideal que me fue negado desde la cuna. Anhelo la belleza por encima de todas las cosas, muero por dentro cada vez que veo mis cuadros terminados, muero cada vez que repaso a la mujer que he pintado porque me gustaría ser esa mujer.

Los cuadros son el espejo mágico que nunca tuve y que me devuelven una figura sin deformidades, sin esta espalda de lisiada con la que me muevo por el mundo. No recuerdo un segundo de mi vida en el que no sintiera el peso de esa joroba que cargo siempre en mi retaguardia. Mi columna fue la más caprichosa de las columnas vertebrales, encorvada hasta lo inviable, dibujando curvas imposibles y trazando un perfil propio que va torciéndose cada vez más. Salir a la calle me provoca ansiedad, no tristeza, porque la tristeza venía de serie conmigo. Ansiedad por empezar a escuchar a la gente murmullar, susurrar insultos a mi paso. Los niños me llamaban bruja y salían corriendo cuando intuían mi presencia. Los mayores me utilizaban como amuleto y llegaban a frotar boletos de lotería por una espalda que no podía llamarse espalda.

«¡Ahí viene la bruja!». «¡Cuidado con ella, que es capaz de lanzar una maldición!». «Ahí viene ese ser tan feo que no es humano». Escuchaba frases de ese tipo que seguían retumbando cuando se dejaban de oír. Ese eco me acompañó

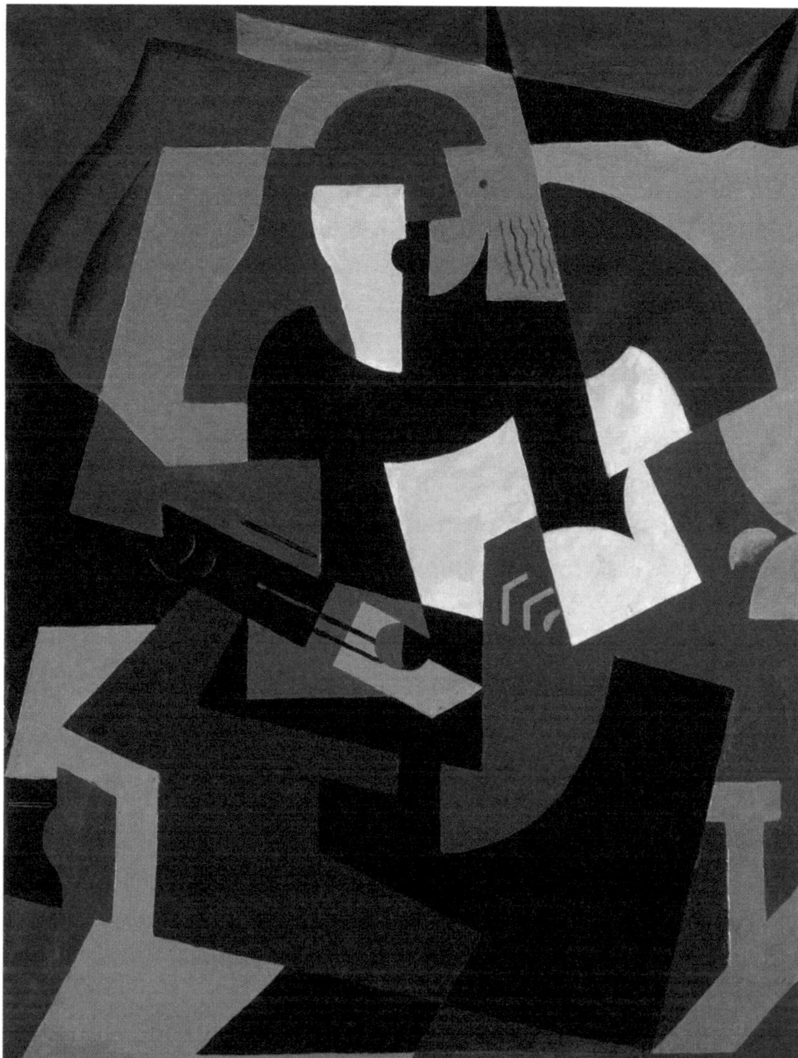

siempre. No saben lo que es vivir acompañada en cada momento de un murmullo incesante; es como ese zumbido en los oídos que no dejas de percibir nunca, el *tinnitus*. Mi *tinnitus* era un zumbido eterno de adjetivos descalificativos.

Odiaba el sol. Los días iluminados intentaba no salir de casa porque esos días me podía encontrar con mi sombra en cada pared, en cada esquina. La sombra, que juega con las partes del cuerpo en todas las personas, era especialmente cruel conmigo porque acrecentaba mi desproporción. Mi sombra se convertía en el peor enemigo. Renegaba de las sombras y de los reflejos. Prefería los días grises, en los que todo se hace más confuso y en los que la claridad no me machacaba.

Probablemente el arte me salvó la vida. El arte y mi padre, que apostó por mi afición y encauzó mi tortuosa niñez al verme feliz con un pincel en la mano. París también me salvó, y poder charlar con artistas que veían en mí solo a una artista y no lo que veían los niños de mi calle.

Cifoescoliosis. No escuché esa palabra hasta que tuve diez u once años y nunca la olvidé. No hubo corsé ni médico capaz de enderezar mi columna. Crecí torcida. Mis cuadros solo son el reflejo de aquello que nunca tendré. Pero, cuando te han herido mucho, a veces es difícil matarte.

No es fácil meterse en la cabeza de un artista, pero por los muchos testimonios existentes sobre María Gutiérrez Blanchard, su interior bien podría estar repleto de palabras parecidas a las que han abierto este capítulo. Cuesta imaginar el sufrimiento provocado por las miradas inmisericordes y las palabras lanzadas por los niños —y no tan niños— de su entorno, que provocaban más dolor que el físico que debía arrastrar.

Hay una frase de María que serviría para resumir todo lo leído antes y todo lo que leeremos después. En un momento de su vida, dijo: «Cambiaría toda mi obra por un poco de belleza».

Los problemas físicos de María condicionaron de alguna manera su amor por el arte. A finales del siglo XIX, una mujer de la alta burguesía santanderina estaba llamada a tener una vida más o menos acomodada y con un futuro casi escrito. Pero sus problemas de espalda despertaron en ella una pasión casi enfermiza por el arte que la condujo a trasladarse de Santander a Madrid y, de ahí, tras formarse en el taller de Emilio Sala, a París. Allí establece contacto y amistad con Diego Rivera, primero, y, sobre todo, con Juan Gris después. En París vivirá varias etapas diferentes, con paréntesis de retorno a Salamanca para dar unas clases de dibujo que fueron tortuosas por el desdén de los alumnos.

Abrazó el cubismo sin llegar al cubismo analítico, es decir, sin llegar a la descomposición formal que, por ejemplo, apreciamos en esta mujer con guitarra a la que adivinamos perfectamente.

Si este movimiento rupturista con el renacentista y el impresionista se caracteriza por situar todos los objetos en el mismo plano, vaciando de realidad las cosas, en los cuadros de María esa realidad no desparece del todo, es como si quisieran mantener un pie en ella. Fueron Picasso y Braque los impulsores de este movimiento, en el que ella brillaría hasta que poco a poco fue abandonándolo para crear un estilo propio.

Sus estancias en París vienen acompañadas de exposiciones y buenas críticas primero y pobreza después, cuando a la Ciudad de la Luz llega parte de su familia que le suponen una carga económica difícil de aguantar.

María es una experta en estudiar a las personas y los objetos. Muchos de sus cuadros son lecciones de anatomía cubista. La muerte de Juan Gris la conduce a una depresión que intentará superar abrazando la religión, más enfocada hacia el misticismo que a otra cosa, aunque en algún momento llegó a pensar en ingresar en un convento. Su dejadez personal aumenta durante los últimos años de su vida, siempre vestida con una especie de guardapolvo a cuadros.

Nunca volvió a su España natal, que la miraba siempre entre la pena y la burla. Al morir en París, la necrológica en *L'Intransigeant* decía: «Su vida de reclusa y enferma había sin embargo contribuido a desarrollar y a agudizar singularmente una de las más bellas inteligencias de ese tiempo».

Sin conocerla más que de oídas, al enterarse de su muerte Federico García Lorca le dedica una conferencia, convertida en elegía, en el Ateneo de Madrid; una elegía que terminaba así:

> Si los niños te vieran de espaldas exclamarían: «¡La bruja, ahí va la bruja!». Si un muchacho viera tu cabeza asomada sola en una de esas diminutas ventanas de Castilla exclamaría: «¡El hada, mirad el hada!». Bruja y hada, fuiste ejemplo respetable del llanto y la claridad espiritual. Todos te elogian ahora, elogian tu obra los críticos y tu vida tus amigos. Yo quiero ser galante contigo en el doble sentido de hombre y de poeta, y quisiera decir en esta pequeña elegía algo muy antiguo, algo como la palabra *serenata*, aunque naturalmente sin ironía, ni esa frase que usan los falsos nuevos de «estar de vuelta». No. Con toda sinceridad. Te he llamado jorobada constantemente y no he dicho nada de tus hermosos ojos, que se llenaban de lágrimas con el mismo ritmo que sube el mercurio por el termómetro, ni he hablado de tus manos magistrales. Pero hablo de tu cabellera y la elogio, y digo aquí que tenías una mata de pelo tan generosa y tan bella que quería cubrir tu cuerpo, como la palmera cubrió al niño que tú amabas en la huida a Egipto. Porque eras jorobada, ¿y qué? Los hombres entienden poco las cosas y yo te digo, María Blanchard, como amigo de tu sombra, que tú tenías la mata de pelo más hermosa que ha habido en España.

Cuentan que sus últimas palabras fueron: «Si vivo, voy a pintar muchas flores». Esas flores que son uno de los objetos artísticos de mayor belleza, esa belleza por la que hubiese cambiado toda su obra, la obra de una artista cuya vida estuvo marcada desde antes de nacer. Aquel día que su madre cayó de un coche de caballos con ella en el interior de su vientre. María era la belleza de las flores que nunca pintó.

Bodegón con flores, copas doradas, monedas y conchas

CLARA PEETERS

1612

Al entrar en el taller siempre tenía que llamar la atención a Nicolás, un pintor del montón que había comenzado a trabajar bajo sus órdenes ante la creciente demanda de obras. Nicolás se encargaba sobre todo de algunas aves, muy solicitadas en los cuadros con los que se encaprichaban los amantes de la caza. Nicolás solía murmurar palabras inconexas, siempre en voz baja, cuando Clara se alejaba. No entendía que una mujer estuviese al frente de un taller, y menos todavía que osara darle órdenes. La semana anterior tuvieron un gran desencuentro por un halcón peregrino que Nicolás tardó varias jornadas en pintar pero que, a juicio de ella, no daba la talla para salir bajo su nombre. «Fírmalo tú», le llego a espetar. Clara remataba muchos de sus cuadros con una especie de juego, que se convirtió primero en un sello y después en una manera de reivindicación, y que en el taller veían como una osadía. «Ya está retratándose otra vez. ¿Dónde ahora, en el vasito de agua, en la jarra, o aprovechará esa botella vacía? ¡Cuánta soberbia!», bramaba Nicolás delante de otros ayudantes al observar un bodegón en preparación. Eso sí, siempre hace sus proclamas cuando ella ya no está; la valentía nunca le ha distinguido. Clara

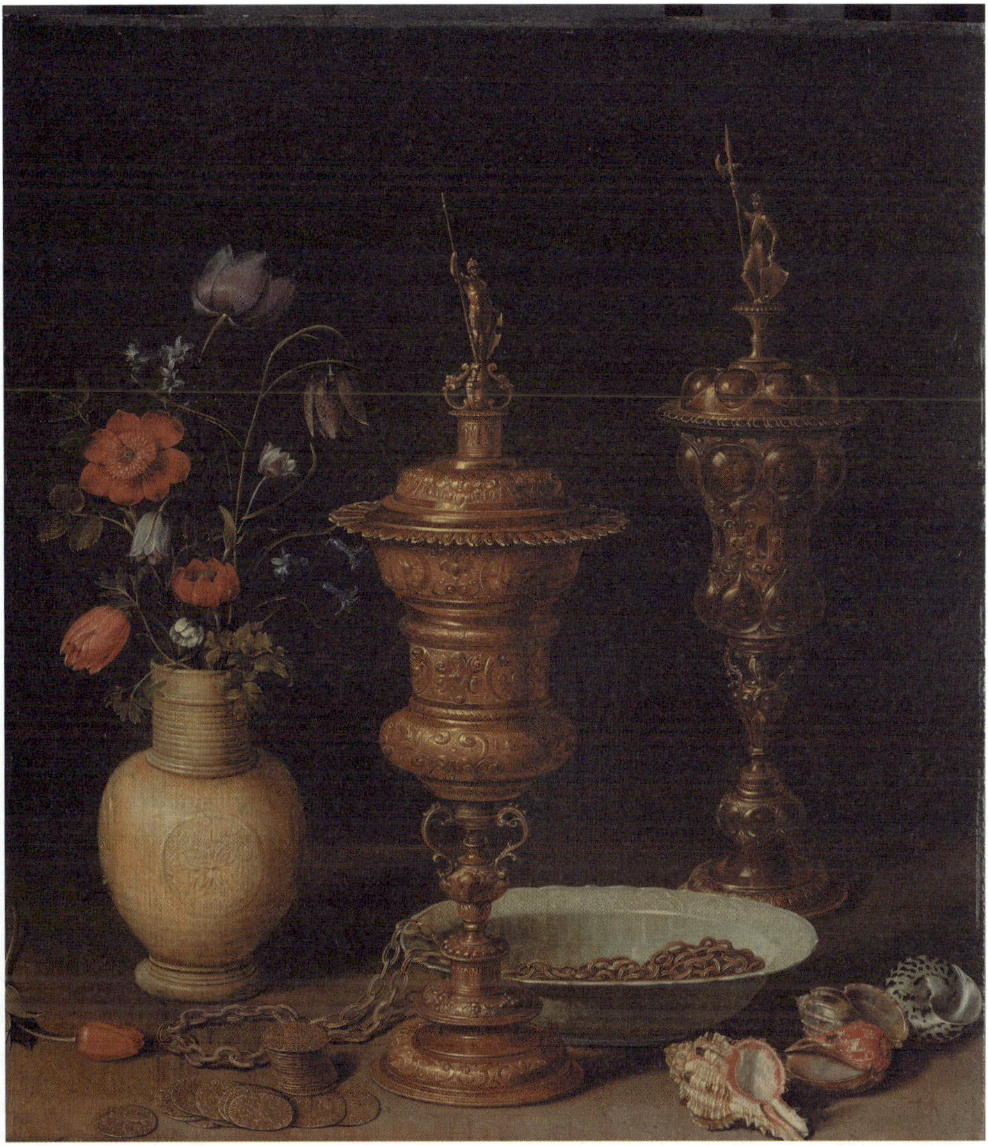

172 | 173 **Bodegón con flores, copas doradas, monedas y conchas**

es exigente consigo misma y con todo el que trabaja para ella. Sabe que, si no se impone, las dificultades se multiplican por ser mujer. Sabe que a ella se la mira con recelo mientras que la ciudad entera suspira por una obra de Rubens. Solo una exigencia máxima podrá conseguir que sobreviva en un mundo que tiene en contra.

«Por primera vez me voy a retratar a mí misma pintando. Seguro que la historia intentará sepultarme, pero alguien, alguna vez, reparará en ese reflejo diminuto y me descubrirá. Pincel en la mano derecha, paleta de colores, pelo recogido. Así soy, aquí estoy. Quiero que en esa mirada vean a una mujer que luchó por abrirse hueco, que peleó por sobrevivir con un pincel. Quiero que vean a alguien que no tuvo más remedio que pintar cosas muertas, porque a nosotras nos estaba vedada la entrada a un estudio. Nos privaban del aire libre, pero no podían privarnos del talento.

»Crean que no nos asustaríamos por ver a un hombre, por ver un cuerpo, por ver la vida. Ese es el principal inconveniente que hemos tenido siempre: se nos niega vivir o, mejor dicho, se nos quiere hacer vivir como el hombre cree que debemos vivir. Esos pequeños autorretratos, de los que sé que se ríen en mi taller, son mi pequeño ajuste de cuentas con el futuro. Si mis cuadros permanecen, si mis peces, mis alcachofas, mis porcelanas y mis pájaros atraviesan la barrera del olvido, algún día alguien podrá acercarse, y verme, y comprobar que existí.

»Claro que me hubiese gustado pintar otras cosas. Es frustrante cruzarse con Rubens y ver cómo puede pintar lo que se le antoje, claro que sí. Mi vida, si lo pienso, es una triste paradoja, porque todo está muerto en mis cuadros».

Hablar de Clara Peeters, intentar trazar su biografía, es prácticamente imposible. Cada pista termina conduciéndote a un callejón sin salida, a un lugar sin retorno. Son muchos los especialistas que han tratado de dibujar su existencia en la Amberes de la primera mitad del siglo XVII, pero no hay conclusiones claras sobre quién fue realmente esta mujer. Se desconoce si Peeters fue su apellido de nacimiento o el apellido de su marido, que ella adoptó. No se puede afirmar si su padre fue pintor o si lo fue su marido. Solo existen sombras alrededor de la figura de una mujer de la que sí se sabe que triunfó y que vivía holgadamente, al menos si nos fijamos en los materiales utilizados en sus cuadros, en las telas y en los diferentes soportes. La mayoría de los investigadores dan por hecho que estuvo casada, por la representación hasta en seis obras de un cuchillo. Los cuchillos, en el siglo XVII, dan para una novela completa. En las celebraciones o banquetes el cuchillo lo traía el invitado, que, al sacarlo, y dependiendo del nivel de belleza, filigrana y materiales del mismo, dejaba constancia de su clase social. El cuchillo, además, era el regalo estrella en las bodas; por eso, por haberlo incluido hasta en seis de sus cuadros, y con su nombre, muchos dan por hecho su casamiento. Por cierto, el tenedor no estaba muy bien visto entonces.

El bodegón, considerado en ocasiones un género menor, se puso de moda en el siglo XVII y Clara fue pionera en él por varios motivos. Fue la primera en representar peces en una naturaleza muerta —los peces tenían connotaciones religiosas, al hacer alusión al ayuno—. Son peces de agua dulce, peces para consumir frescos, muy apreciados entonces frente a los de agua salada, conservados en salazón. A Clara le gusta también representar quesos, y en la obra que ilustra este comentario vemos

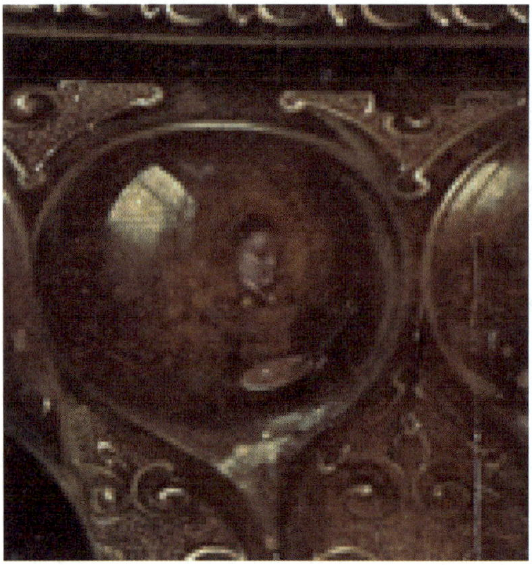

Autorretrato/firma de Clara Peeters en una de las copas de su bodegón

también conchas de mar que aportan un toque exótico a la composición, conchas llegadas quizá del Nuevo Mundo.

Casi seguro fue por necesidad, pero dedicarse a pintar elementos inertes, y de manera realista, era también una forma de rebeldía. Ese realismo suponía una ruptura con el «idealismo» renacentista y ponía el arte al servicio de la realidad.

Escribía antes sobre la que es una de las señas de identidad de Clara Peeters, los *selfies* incluidos en muchos de sus cuadros. Por ejemplo, si agudizan la vista y escudriñan la segunda copa, la situada a la derecha de la composición, verán el autorretrato de la artista repetido varias veces en las formas redondeadas y cóncavas que adornan la copa. Allí está ella, con sus pinceles y su paleta de colores. Una de las mujeres más misteriosas de la historia del arte, triunfadora en vida, olvidada tras su muerte y recuperada siglos después.

Siempre que me ha tocado hacer una crónica de alguna exposición u obra suya decía lo mismo. Que Clara Peeters nació en 1588, o quizá en 1590, o probablemente en 1594. Que pudo ser hija de un pintor, estar casada con un pintor, pudo nacer con otro apellido y ponerse el de Peeters después de casada. Que estudió en Amberes, o no. En Ámsterdam, o no. En La Haya, o no.

Los únicos datos ciertos y contrastables son que pintaba muy bien y que se convirtió, en 2016, en la primera mujer a la que el Museo del Prado de Madrid dedicaba una exposición. Ella nos mira desde su reflejo, camuflada en su obra, habiendo logrado una victoria. Tardía, pero victoria al fin y al cabo.

Triple Swirl Fade to Black

CHARLES BELL

1994

Coloca la roja pequeña un poco más cerca de la transparente, para que la sombra sea perfecta. Mueve la grande ahora hacia el centro para que de la parte inferior salga un destello de luz; la verde ahora queda más oculta, pero no me preocupa, es la que menos juego da. Esa, color champán, muévela también unos milímetros hasta que casi choque con la transparente. Ahí está bien, ahora también emana luz. ¿Ves ese destello? Quiero verlo en todas las que tengan elementos transparentes. Esa otra, la que lleva amarillo en su interior, ahí, un poco hacia atrás, para que invada la sombra de nuestra protagonista. Eso es. La azul está bien. No sé, hay un halo extraño entre la azul y la grande, pero me gusta. Intentaré pintarlo.

¿Cómo se pinta un halo producido por la luz que entra en una canica y se proyecta sobre otra canica? No puedo evitar reírme. A veces creo que voy a perder la cabeza entre tanto destello, tanta luz y tanta sombra. Pero es el paisaje que he elegido, es mi naturaleza muerta, mi bodegón, mis manzanas y mis animales cazados.

Recuerdo la primera vez que tuve una canica entre las manos. En vez de tirarla al suelo de nuevo la protegí como un tesoro. Me cautivó su perfecta redondez, la suavidad de su piel de cristal. Era transparente. Entonces no había, como ahora,

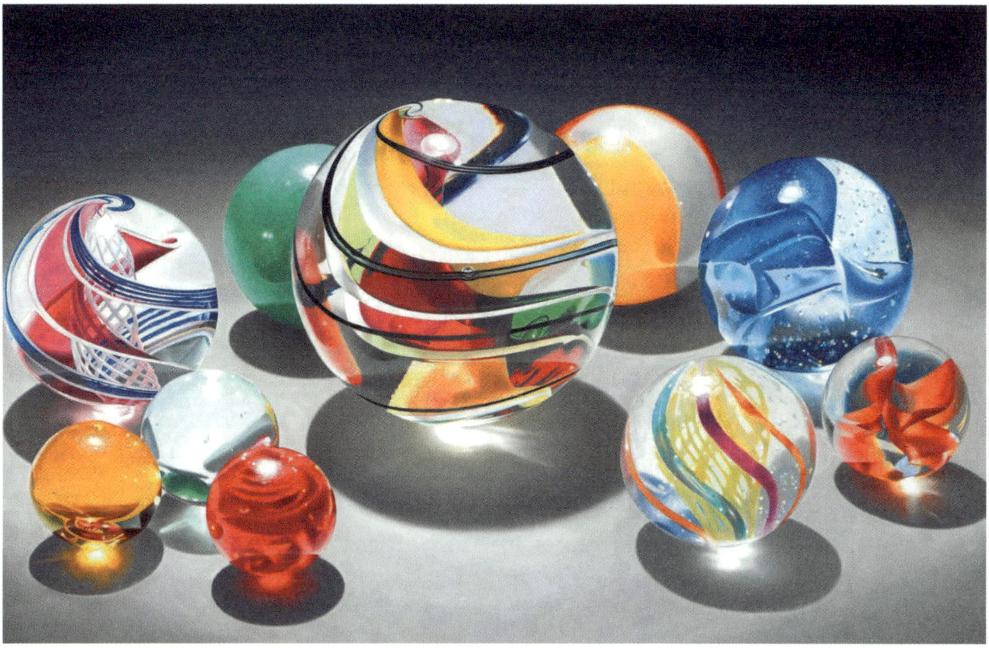

estas llenas de colores y formas. La cogí y me puse a mirar a mis amigos a través de ella. No veía nada, salvo alguna silueta, pero la luz se distorsionaba con cada movimiento. La ponías al sol y los rayos se volvían caprichosos y se transformaban a su antojo. Me pareció un objeto de incalculable valor, a pesar de no costar casi nada.

Nunca entendí la razón por la cual un objeto adquiere un valor y otros se quedan estancados en la más baja clase social de los objetos. Una canica es algo tan maravilloso que no entiendo su paupérrimo escalafón en el mundo de las cosas. Es bella, agradable de ver; es dura y consistente, tiene misterio y complejidad, desprende luz y cambia de aspecto según esa luz. Tienes una canica, pero puedes a la vez tener cien. Nunca la ves de la misma manera.

Triple Swirl Fade to Black

En fin, bueno, creo que lo tengo. Haré la foto y, luego, a pintarlas. Están bien, ¿verdad? Hay armonía. Me quedaría observándolas horas.

Mueve la roja hacia atrás, sin que toque, pero que parezca que toca a la transparente.

Ahí, ahora sí.

No es la más espectacular de las pinturas de Charles Bell, pero entre las que podía elegir me quedo con esta por las sombras de todas y cada una de las canicas. A alguien que no ha sido dotado con el don del dibujo o la pintura le resulta imposible entender cómo es posible pintar esa sombra perfecta de cada una de esas canicas y captar esos destellos de luz que salen de cada una.

El hiperrealismo, o fotorrealismo, es un género a veces denostado por los gurús del arte. Siempre me ha parecido fascinante por la capacidad para engañar al ojo humano, por la parte de trampantojo que tiene. La realidad es tan real, como su propio nombre indica, que deja de serlo para transformarse en otra cosa. En una imagen onírica que parece sacada de algún sueño, donde los sentidos se ponen a flor de piel y percibimos todo con tal detalle que, si nos sucediera despiertos, caeríamos desmayados por el exceso de información. En alguna exposición hiperrealista que he visitado hay que aproximarse tanto a la obra para cerciorarnos de que no es una fotografía que pueden llegar a saltar las alarmas de proximidad del museo. En el Museo Thyssen de Madrid hay tres obras de Richard Estes en las que uno podría vivir si se lo propusiera. Son una hamburguesería, una floristería y, mi favorita, unas cabinas de teléfonos llenas de reflejos y con gente dentro que hipnotizan al espectador, que enarbola bandera blanca ante tal dominio técnico.

Charles Bell

Es a finales de los sesenta cuando surge en Estados Unidos un grupo de artistas que pintan con un enorme realismo objetos cotidianos. Se valen de una cámara de fotos para capturar el momento y luego, generalmente, se meten en sus estudios para trasladar esa fotografía a un lienzo. El ojo, su ojo, es el objetivo de una cámara que no dará lugar a dudas sobre lo visto. Lo capturado es lo real y solo existe la subjetividad del tema elegido, pero no de la mirada. La mirada propia ha quedado en un segundo plano. La mirada es lo que salga del cuarto de revelado, es el instante concreto en el que se aprieta el obturador.

El *pop art* también era realista, pero iba acompañado de cierto humor, ironía o crítica que brilla por su ausencia en el hiperrealismo. Como decíamos, este último fue un género no muy bien considerado en sus inicios, pero que terminó por explotar en la Documenta 5 de Kassel, en 1972 y se ha ido revalorizando con el paso de los años. Su descrédito venía por los que lo acusaban de hacer trampas en lo que podemos llamar «el juego del arte», de utilizar una fotografía; se decía que la proyección de la cámara al lienzo no tenía mérito. Se veía como una mera copia, como un alarde de virtuosismo que nada tiene que ver con el arte auténtico; obras cargadas de frialdad que no proponen debate ni reflexión, obras que establecen una barrera con quien las observa por su escasa calidez. Pero, claro, había que pintar lo que registraba la cámara. Intenten ustedes hacer una canica como esas. Intenten pintar un bote de *ketchup* como los de Ralph Goings, verán que algo de mérito tiene.

Charles Bell se especializó en chicles, canicas, juguetes y máquinas recreativas, modelos poco habituales, como vemos, a lo largo de la historia del arte. Un tipo sin formación académica, que pintaba por instinto y dotado de una técnica tan exageradamente buena que podía hacer lo que quisiera con un pincel en la mano. Compaginó su vocación con oficios diversos y el valor de sus cuadros se ha multiplicado por cien en los últimos años. Se distingue por su maestría a la hora de pintar reflejos y brillos, una de las grandes obsesiones de los fotorrealistas. Hay que tener en cuenta que Bell trabajó con cámaras fotográficas que nada tienen que ver con las de ahora, que son capaces de captar hasta el más mínimo matiz. En su caso, muchas veces los matices los aportaba en el estudio. En 1995 participó en la muestra «Maestros Americanos» en el Museo de Arte Moderno de Saõ Paulo junto a artistas como Andy Warhol. Allí sorprendió con *The Viking*, un detalle de una máquina de *pinball* que cuesta creer que sea pintado.

En cualquier caso, bodegones vemos que pueden hacerse de cientos de maneras diferentes. Si el fin de una naturaleza muerta es representar animales, flores u objetos que podemos encontrar al alcance de nuestra mano y que transmitan quietud y convivan en armonía, pocas cosas transmiten más armonía que estas canicas que, imaginamos —como hemos intentado recrear al principio—, Bell colocó con mimo para conseguir que su obra cobrara vida.

En cuanto a la polémica sobre el hiperrealismo, que todavía colea y que sigue escamando a los más puristas, soy de la opinión de que la realidad, incluso la hiperrealidad, es, muchas veces, más difícil de pintar que cualquier fantasía. Y que muchas veces el debate está solo en un plano muy alejado de la sociedad de a pie, que suele llenar las exposiciones de estos artistas y salir asombrada de lo que ha visto. En el hiperrealismo o fotorrealismo hay obras que me interesan y otras bastante menos, como pasa con todo el arte en general. Creo que el arte te hace pensar, pero también puede hacerte solo disfrutar, que no es poco. A mí estas canicas me gustan, me hacen disfrutar, como lo hicieron cuando era un crío y las dejaba rodar por el suelo del patio del colegio.

Charles Bell

Magdalena penitente

GEORGES DE LA TOUR

h. 1640

Otro nocturno. Otra vez la oscuridad, y tener que enfrentarla a algo de luz. Otra vez las tinieblas de las que nacerá la luminosidad. Otra vez esa llama, de la que tiene que emanar todo y que será la que dará sentido, o no, al conjunto. El fuego inerte, quieto, sin una brizna de aire que lo mueva.

Mi María Magdalena es una joven mendiga que, al menos, se ganará unas monedas estos días. Tiene la paciencia necesaria, porque no tiene nada que hacer ni sitio alguno al que ir. Quiero que se relaje hasta conseguir que transmita esa actitud reflexiva que busco. La vela iluminará parte de su cuerpo y su perfil derecho. Si vuelvo a ser capaz de pintar bien esa vela, el cuadro será un éxito; si esa vela no es creíble, nada valdrá. Necesito que quien se asome a este rincón sienta el silencio pero, al mismo tiempo, sea capaz de escuchar a esta mujer que busca dar una vuelta a su vida. Al fin y al cabo, ¿quién no lo ha intentado alguna vez, quién no se ha sentado, vencido y agotado por la carga, y ha hecho balance de lo vivido para emprender un nuevo rumbo en lo que está por vivir? Su pensamiento la lleva al amor imposible y al sacrificio que supone renunciar a él para no perderlo del todo.

—¿De qué tengo que arrepentirme exactamente? —me llegó a preguntar la chica.

—Nunca lo he tenido claro. Debo representar lo que me han encargado, pero lo haré a mi manera, desprovisto de ese aire religioso que siempre caracteriza a las Magdalenas. Quiero que sea otra cosa. Me interesa verte meditar sobre la fugacidad del tiempo, lo efímero que es todo. Y piensa que esa calavera es la muerte, final compartido por todos.

—Vale. Me da mucha tranquilidad mirar la vela, la llama tan quieta. Me llena de paz.

—Eso es lo que necesito, que tu cuerpo esté en paz. Que acaricie a la muerte, pero no la mire. Respira suavemente para que esa llama no oscile mucho.

—¿Así le parece bien?

—Sí, así está bien.

…

—¿Sabes?, al principio de mi carrera pinté muchos mendigos, prostitutas, personas a los que la gente no quiere mirar o hace por no ver. Quería documentar de alguna manera esa sociedad invisible que se mueve entre nosotros.

—Lo sé, me lo dijo un hombre que conozco de la taberna. Me dijo que se puso a llorar al verse; que, siendo él, le costaba reconocerse. Que sintió que la vida le había pasado por encima y se le escapaba sin haber hecho nada digno de mención.

—Bueno, todos hemos hecho alguna vez algo digno de ser recordado. La llama, en el fondo, dura lo mismo seas de la burguesía o visites los bajos fondos. A todos se nos apaga algún día.

…

—Deja caer un pendiente. Así.

Ponerse delante de una obra de George de La Tour, una de las llamadas «pinturas nocturnas», es quedar seguro sobrecogido por el poder de evocación y de reflexión que inunda cada uno de los centímetros del lienzo. Su dominio del claroscuro —o te-

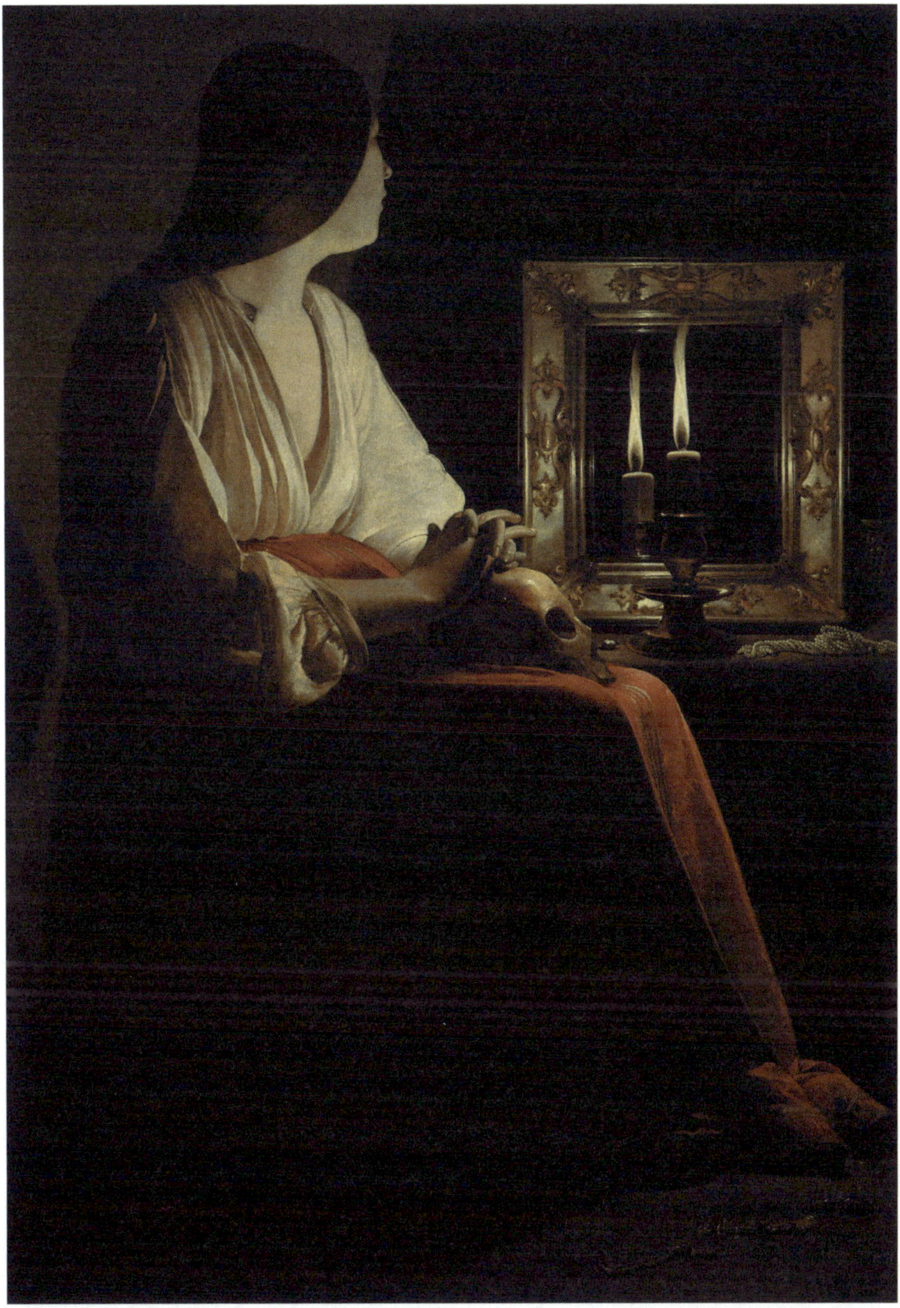

Magdalena penitente

nebrismo—, que nos lleva irremediablemente a Caravaggio, es imponente. Esas obras nocturnas son las que más me interesan, sin menospreciar los durísimos retratos que realizó a las clases sociales más deprimidas. Pero he de reconocer que quedo hechizado cada vez que veo uno de sus nocturnos. Me parece hipnótica su manera de sacar a sus personajes de las tinieblas, de poner un punto de luz perfectamente localizado y, a partir de ahí, hacer que el haz vaya abriéndose hasta abrazar, en este caso, a esa Magdalena de la que realizó varias versiones diferentes. Uno de los grandes misterios de su trayectoria es su empecinamiento en repetir el mismo tema en varias ocasiones, produciendo obras muy similares.

He escogido esta Magdalena por el espejo y el juego de la llama reflejada en él. Una llama alargada que quiere seguir viva y que al aparecer por partida doble puede significar las dobles vidas que, si lo pensamos, todos llevamos de alguna manera.

La luz de la vela se proyecta imponente sobre el blusón blanco de la modelo, atrevidamente abierto. Todo dominado por esa paleta monocroma que invade gran parte de sus últimos trabajos.

Lo más curioso de George de La Tour es lo poco que sabemos de él, y lo olvidado que estuvo durante más de tres siglos, hasta que a principios del XX lo recuperó para la causa el alemán Hermann Voss en una publicación donde se le adjudicaban varios cuadros. Porque uno de los problemas con De La Tour es que se han atribuido obras suyas a Vermeer, a Velázquez e incluso a Goya, Rembrandt o Durero, que no son precisamente nombres menores, lo que nos sirve para corroborar la buena mano de este artista nacido en Lorena y que Francia terminó haciendo suyo.

Se sospecha —siempre hablando en el terreno de la hipótesis, sin que pueda asegurarse con certeza— que De La Tour era un tipo creído y algo altivo porque, a pesar de ese olvido que le acompañó después de su muerte, en vida tuvo el éxito suficiente como para vivir holgadamente y alcanzar el zenit de su carrera tras ser nombrado pintor de Luis XIII.

Se cree, no se afirma, que viajó a Italia, donde conoció la obra de Caravaggio. Por eso siempre va a asociado al pintor italiano, al rey del tenebrismo, al tipo que se movía con maestría en el claroscuro. Pero, a diferencia de él, en De La Tour la luz nace de un punto concreto, que suele ser una vela; Caravaggio, en cambio, nos oculta el origen de su luz, que en sus obras siempre parte de algún lugar situado fuera de la escena.

La tranquila y cómoda vida de George de La Tour se vio trastocada por la epidemia de peste que asoló Lunéville, la ciudad donde se había trasladado después de su matrimonio y, sobre todo, por los daños que sufrió su taller —incendio incluido— durante la guerra de los Treinta Años. En ese fuego se quemaron obras y documentación que ayudarían a explicar las lagunas existentes sobre su vida y su producción.

Sí está documentado su mal carácter por alguna que otra pelea en la que se metió; también que tuvo diez vástagos y que una nueva epidemia se llevó primero a su mujer y luego, a él, en 1652.

A partir de ahí la luz se apaga, la vela se consume y, como referíamos antes, el olvido se apodera de su figura. Esta, sin embargo, ha ido creciendo a lo largo del siglo XX hasta llegar a nuestros días convertido en un maestro lleno de incógnitas, con pocas obras reconocidas y bastantes todavía por reconocer. Tanto ha ido alargándose de nuevo su llama que, si revisan *La sirenita* de Walt Disney, podrán ver una escena en la que aparece otra Magdalena suya, la de la lamparita. Se produce en el momento en el que la sirenita canta «Parte de él», justo cuando dice «¿Qué es fuego? y ¿qué es quemar?», señalando la vela de La Tour cuya llama no se apaga ni en lo más profundo del océano.

Del olvido a Disney hay un largo camino lleno de claros y oscuros que, seguro, todavía nos deparará sorpresas y seguirá trayendo a la actualidad a un hombre cuyo trabajo definieron de una manera certera, y también triste por lo que significa. La definición la citaba Andrés Úbeda, subdirector del Museo del Prado, en una visita a la muestra que le dedicaron en 2016: «George de La Tour no ama el mundo porque el mundo no está en sus cuadros».

Y si repasan sus obras verán que es cierto, que el mundo siempre se queda fuera de ellas. No aparece. No hay ventanas por las que entren indicios del mundo exterior, como, por ejemplo, sí intuimos en Caravaggio. Todo, y más que nunca en sus «nocturnos», transcurre en un interior incierto. Nunca vemos árboles, edificios, casas. Nunca vemos nada. El mundo no cabe en un lienzo, debía pensar. O el mundo no le interesaba nada.

Desnudo reclinado con *toile* de Jouy

LÉONARD FOUJITA

1922

La elegancia. La elegancia no se discute, la elegancia es el principio de todo y el fin último. Me dan igual las modas de este París efervescente: la elegancia marcará mi destino pictórico y vital. Pinto como visto, pinto como camino, pinto como soy. La estética es importante, es crucial. No se puede salir a la calle de cualquier manera, hay que vestirse para ser lo que quieres ser. No entiendo a esos artistas que van desarrapados de café en café. ¿Qué les pasa? Intentan ser artistas y se preocupan por todas sus obras menos por ellos. Un cuadro empieza en uno mismo. ¿Daría igual que llevara estas gafas redondas u otras? ¿Daría igual que me peinara cada mañana durante diez minutos este flequillo? ¿Daría igual que me pusiera el pendiente o no, o que me recortara el bigote cada día, como si de un pequeño jardín se tratara? Yo creo que no daría igual.

Paseo así por Montparnasse y soy consciente de que al principio suscitaba comentarios de todo tipo, incluso alguna carcajada. Pero pronto se acostumbraron a esta manera mía de afrontar cada día, como si ese día te fuese a pasar lo más importante de tu vida. Me visto y me arreglo como si en cada esquina pudiese encontrar al amor anhelado. Bueno, a decir verdad, lo encuentro muy a menudo. Me pasó al poco de llegar aquí. ¿Cómo es posible que fuera a dar un paseo y ella estuviese

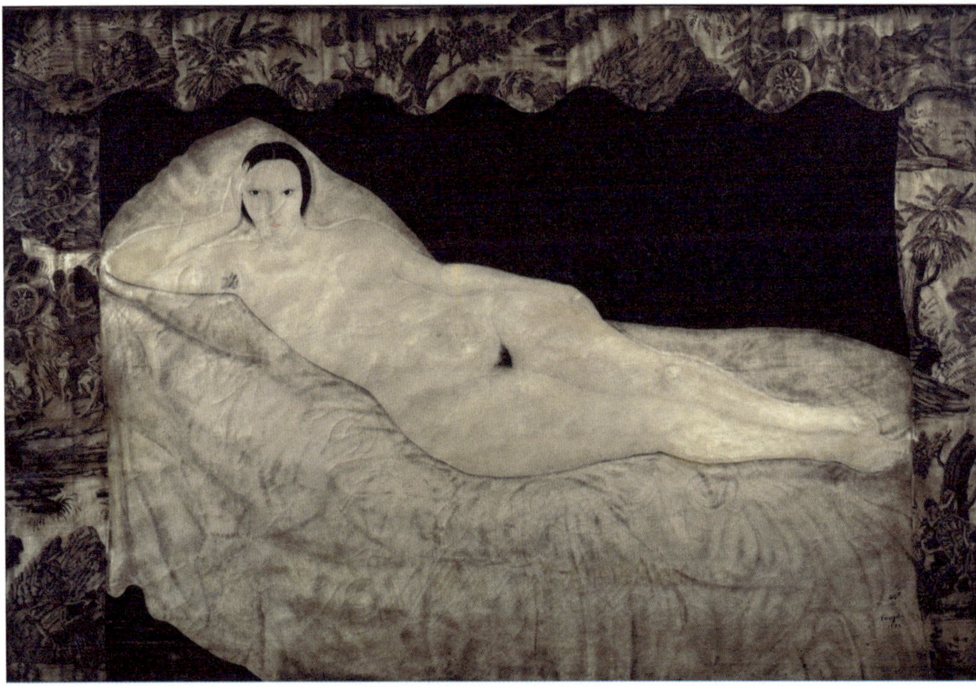

sentada en el café La Rotonde? Tardé en conquistarla el tiempo que me llevó cortar unas cuantas flores de un jardín. Cuando me vio aparecer en su casa no pudo más que rendirse. Dos semanas después nos casamos. Segunda boda; en Japón se quedó Tomiko Tokita. No será la última. Por eso hay que ir cada día como si fueses a pedirle matrimonio a tu amada, siempre es mejor que lo que vea sea agradable y conquiste la vista.

Mi trazo tiene mucho que ver con mi origen, claro, y con mi manera de moverme. Las líneas finas son capaces de dibujar sin groserías, es una manera de susurrar en vez de gritar, de pisar el suelo sin dejar que el zapato permanezca mucho en él.

No sé por qué recuerdo todo esto. Ah, sí, porque me enfrento a un nuevo reto: el desnudo de la amante de un viejo amigo. Voy vestido para la ocasión.

Léonard Foujita

Tsuguharu Foujita, bautizado en 1955 como Léonard Foujita después de convertirse al catolicismo, salía cada mañana del número cinco de la calle Delambre, en Montparnasse, de una forma parecida a la que hemos imaginado. Era elegante, delicado, el más japonés de los pintores franceses y el más francés de los artistas orientales. Amigo de Picasso, Matisse y Modigliani, cuya influencia en Foujita es fácilmente apreciable. Pronto conquistó el más bohemio de los barrios de la historia del arte. Sus compañeros admiraban la sutileza de su pincel y su brillantez en las líneas.

La mujer fue el epicentro de su obra —con permiso de los gatos—. La mujer como punto sobre el que bascula el universo, como equilibrio necesario entre el yin y el yang. Pintar mujeres era una manera de intentar sanar las heridas que le provocaba perderlas. A Foujita, o le abandonaban o se le morían. Se casó cinco veces, cinco esposas que entraban y salían de su vida bohemia y que forjaron su personalidad pictórica.

Este japonés, que vino al mundo en Tokio en el año diecinueve de la era Meiji, 27 de noviembre de 1886 en el calendario de París, llegó a la Ciudad de la Luz con veintisiete años y sin conocer a nadie, aunque no tardó en tener compañeros de viaje. Foujita lo mismo cosía que pintaba o se apuntaba a clases de danza. Todo le interesaba y en todo transmitía esa sensación de elegancia que se tiene o no se tiene. No sé si les pasa, pero hay gente que nace con ese don: es elegante. Es esa gente a la que le basta con echarse un abrigo por encima; hay otros que pueden pasarse horas delante de un espejo y al salir a la calle ser invisibles. Foujita, ya lo hemos dicho, era del primer grupo.

Su manera de pintar a la mujer era especial, diferente. La piel de esas mujeres es un género pictórico por sí solo. Pieles suaves, pálidas, con texturas inventadas. Retratos donde la línea gana la batalla siempre al volumen y donde se aprecia su faceta de ilustrador.

Alice Prin había dejado de ser Alice Prin hacía años: todo el mundo la conocía como Kiki de Montparnasse. Su amante le había recomendado posar para Foujita y ella no se lo pensó dos veces, sobre todo después de saber que ese japonés era de los pocos que tenían agua caliente en su piso. Las modelos se peleaban por ir a ese piso, a posar para el extravagante extranjero del que todo el mundo empezaba a hablar.

Alice llevaba posando desnuda desde que era una adolescente. Su madre la echó de casa al verla sin ropa delante de uno de esos artistas «locos». Enseñar su cuerpo nunca había sido un problema para ella. Por un puñado de francos mostraba sus pechos en cualquier callejón y por una buena frasca de vino se quitaba la ropa para el primero que quisiera pintarla. Encontrar a ese japonés afrancesado fue una bendición, pocas veces la habían tratado así.

Antes de posar para Foujita, Alice, convertida ya en Kiki, conoció a su amigo, primero, y amante, después, cuando un tabernero quiso echarla a la calle por no llevar sombrero y él se enfrentó a semejante animal para defenderla. Luego supo que era fotógrafo y se convirtió en su modelo. La mirada de ese hombre era diferente, veía cosas que otros no eran capaces. Su cámara parecía dibujar. Era emocionante esperar el resultado de cada sesión y sorprenderse con ello. En una ocasión le hizo ponerse un turbante y le dibujó en la espalda las aberturas de un violín. «Es un homenaje a Ingres —le dijo— y a su cuadro *La bañista de Valpinçon*. Llamaremos a esta imagen *El violín de Ingres*».

Foujita debía recordarle de alguna manera a él, a Man Ray.

Después de darse una ducha, se desnudó y se recostó sobre una cama con dosel cubierta de sábanas blancas.

«Querida, quiero pintarte como la *Olympia* de Manet», puede que le dijera Foujita.

Léonard Foujita

En esta obra nuestro ojo aprecia inmediatamente el contraste entre un fondo oscuro, negro, y el cuerpo de Kiki, un cuerpo «blanco como la tiza» o «blanco como la leche», que sería la traducción literal de *nyuhashoku,* la técnica casi secreta en la que Foujita era un maestro. Mezclaba polvo de nácar y tinta japonesa. Apreciamos como Kiki está prácticamente recortada de las sábanas, unas líneas casi imperceptibles hacen que emerja su figura prolongando el blanco que interrumpen el pubis, el pelo y los ojos, unos ojos orientalizados. Un blanco que a la altura de la cadera se enfrenta al negro del fondo para hacer más perceptible a la modelo.

Foujita se convirtió en un experto retratando desnudos y, a pesar de que su técnica fue cambiando con el transcurrir del tiempo, el blanco caracterizaba todas las pieles de las mujeres que posaban para él. Treinta años después pintaría *El sueño,* que se puede ver en el Museo de Bellas Artes de Asturias, y ahí su plumilla y su *nyuhashoku* secreto nos presentan a otra bella mujer durmiendo mientras la vigilan varios animales, entre ellos un gato (protagonistas recurrentes también en sus lienzos).

A Kiki la volvería pintar en varias ocasiones. Existe una fotografía maravillosa de ella y Foujita paseando por París que destila esa elegancia de la que tanto hemos hablado. Vestidos ambos como si fuesen a hacer algo importante, que es la filosofía del *charme* francés.

Foujita sigue casándose y descasándose y volviendo a París periódicamente después de estancias en Estados Unidos y Japón. Kiki se quedó en el París ocupado por los nazis y su vida empeoró —mucho— cuando dejó de ser la reina de ese barrio imposible en el que todos hubiésemos deseado estar aunque fuera una hora.

Ah, no había comentado que, en más de una ocasión, Foujita se diseñó su propia ropa. Todo tiene una explicación.

Sofonisba Anguissola

ANTON VAN DYCK
1624

No veo. Mis ojos se han ido apagando. Los devoran unas cataratas que me acompañan desde hace tiempo y que ahora provocan que solo intuya mi reflejo en el espejo y ni pueda ver todos los cuadros que he pintado. Yo, que he vivido de lo que veía, compruebo cómo el mundo se emborrona. Tengo 96 años y sé que moriré el año que viene, pero me encuentro bien. Pintaría si la mirada me acompañase, pero ahora hasta tengo que pegarme el lienzo a la nariz para poder distinguir los colores. Me queda el consuelo de haber pintado mucho y de haber tenido suerte.

Nací en una familia que cultivó mi pasión por las artes. En realidad, el objetivo de mi padre fue que ahondáramos en nuestros talentos, porque ese talento probablemente sería el alimento de un mañana incierto siempre para cualquier mujer. En el tiempo que me ha tocado vivir, las mujeres estamos destinadas, casi en exclusiva, a traer hijos al mundo y, si tenemos inquietudes artísticas, quizá, con suerte, ayudar con los colores y los pigmentos en un taller.

Soy la mayor de siete hermanos, siete, y debo agradecer a mi padre que desde el principio creyera que el arte es un buen jardín de infancia. Pienso en la primera vez que pisé el taller de Bernardino Campi, mi primer maestro, y cómo mis ojos se llenaron de color y mi nariz de olores desconocidos hasta entonces; hace tanto tiempo de aquello. Y ahora aquí estoy, delante de este talentoso joven de veinticinco años que viene a hacerme preguntas mientras dibuja y toma notas en su *taccuino*.

Anton van Dyck

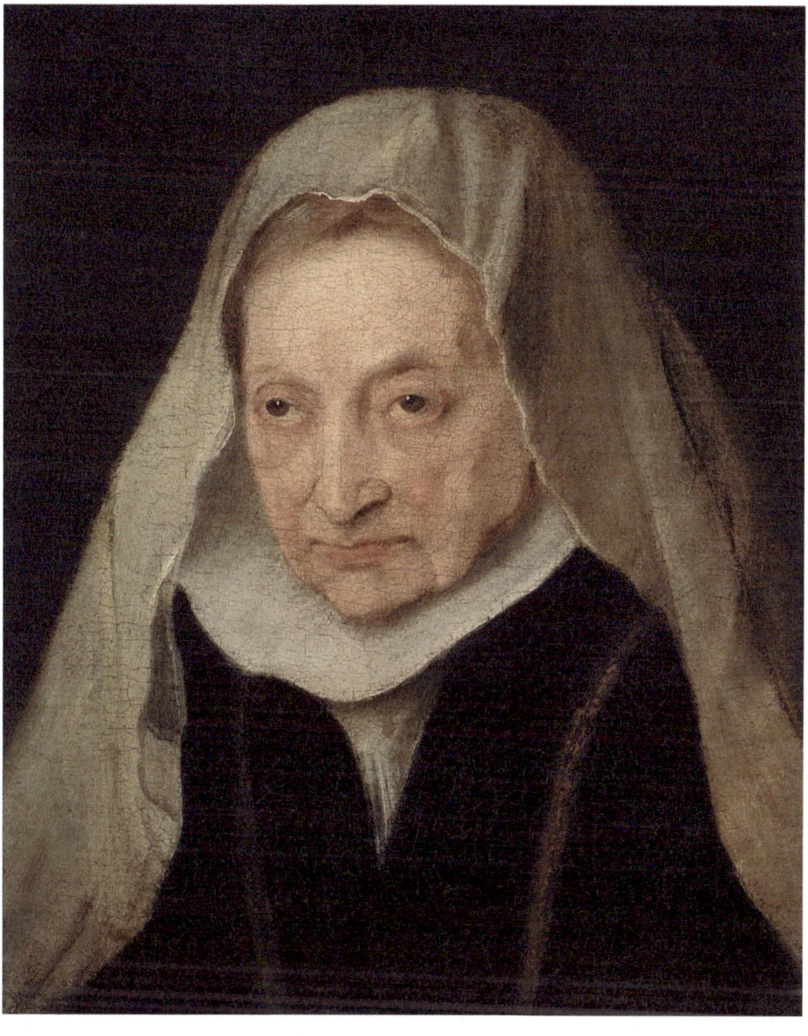

«Rittratto della Sig^a Sofonisma pittricia fatto dal vivo in Palermo l'anno 1624 li 12 di lulio, l'età di essa 96 havendo ancora la memoria et il serverle prontissimo, cortesissima, et sebene per la vecciaia là mancava la vista, hebbe con tutto cio gusto de mettere gli quadri

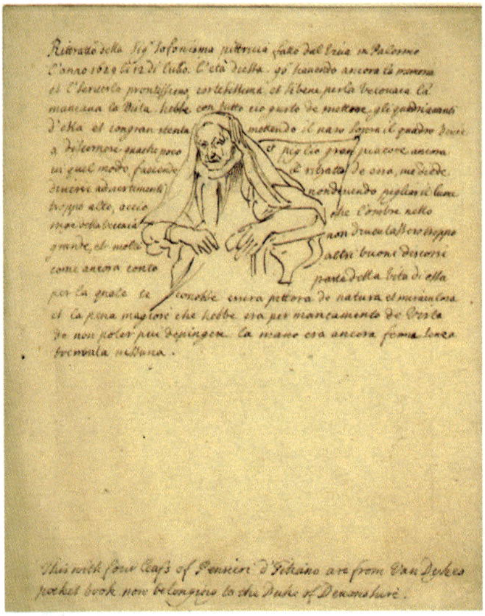

Taccuino de Anton van Dyck, que se conserva en el British Museum de Londres

avanti ad essa et con gran stenta mettendo il naso sopra il quadro, venne a discernere qualche poco et piglio gran piacere ancora in quel modo, facende il ritratto di essa, ne diede diversi advertimenti non devendo pigliar il lume troppo alto, accio che le ombre nelle ruge della vecciaia non diventassero troppo grandi, et molti altri buoni discorsi come ancora contò parte della vita di essa per la quale si conobbe che era pittora de natura et miraculosa et la pena magiore che hebbe era per mancamento di vista non poter piu dipingere, la mano era ancora ferma senza tremula nessuna».

(Retrato de la señora Sofonisba, pintora, hecho del natural en Palermo el año 1624, el 12 de julio. La edad de ella es 96, teniendo aún la memoria y el cerebro muy despiertos. Educadísima, aunque a causa de la vejez le faltaba la vista, tenía por ello el gusto de ponerse los cuadros delante y, pegando la nariz a la pintura, distinguía algo y tenía gran placer en ello. Haciendo su retrato me dio diversos consejos de que no tomara la luz desde demasiado arriba porque las sombras resaltarían las arrugas de la vejez, y muchos otros bue-

nos consejos, y además me contó parte de su vida, por la que se conoce que era pintora del natural, y milagrosa. La mayor pena que tenía era que por la falta de vista ya no podía pintar, aunque seguía teniendo la mano firme sin ningún temblor).

—Señor Van Dyck, por favor, la luz más abajo. Ya soy demasiado mayor como para que me crezca la penumbra en la cara.

»Mire, querido, desde que tengo uso de razón quise ser lo que he sido. Mi familia era noble, pero siempre le faltó el apellido que mejor le va a esa clase social: el de rica. Éramos —digamos— de una nobleza media baja, si el grado de esa nobleza lo mide la cantidad de dinero ahorrado. Me llamo Sofonisba porque en la familia de mi padre siempre se creyó que en nuestro árbol genealógico había antepasados cartagineses. Sofonisba fue una hija de Asdrúbal Giscón; de hecho, mi padre se llamaba Amilcare, que era el nombre del padre de Aníbal. Tuve la desgracia de crecer sin mi madre, Bianca, cerca, pero la fortuna de tener un padre que, pese a no estar en posesión de muchas virtudes artísticas, sí tuvo siempre la suficiente inquietud para ser el motor de las nuestras.

»Le voy a confesar un secreto. Era mi hermana Lucía la mejor de todos, la mejor dotada para la pintura. La pobrecilla murió muy joven, debía tener su edad al morir; pero, si usted puede, no deje de buscar obras como *Pietro María, médico de Cremona* y entenderá de lo que hablo. Llevo años intentando que se enmienden errores que me atribuyen algunos de sus cuadros, pero es difícil. Cambiaría, dicen, su valor.

»En el taller de Bernardino Campi, Lucía y yo aprendimos todos los secretos de los pigmentos. Cuándo era mejor utilizar los oleosos, los transparentes, los cálidos y, mi favorito, el tierra verde, para conseguir diferentes tonos en la piel. Me río, porque a Lucía le gustaba el bol de armenia, un rojo óxido intenso con el que jugábamos a pintar sangre. Cuando todavía no había cumplido veinte años pinté a Campi retratándome, como ejercicio o juego de espejos.

»Ya le digo que si no es por mi padre no hubiese terminado pintando. Él enviaba mis pequeños cuadros, casi todos autorretratos, a duques y demás personas influyentes de la época. Es maravilloso lo que un padre puede hacer por un hijo. Gracias a esa insistencia llegué a oídos nada menos que de Felipe II y me convertí en dama de compañía de Isabel de Valois, a la que impartía también clases de dibujo. Fueron años felices, en los que intenté trazar el mapa de mi futuro. Me casé dos veces, la primera con Fabrizio Moncada, el virrey de Sicilia, y a su muerte con Orazio Lomellino, bastante más joven que yo. Me quiso mucho y me sigue queriendo, y cuando bromeo con mi muerte me responde que no me preocupe, que tiene escrito lo que pondrá en mi epitafio: «Sofonisba, mi mujer…, quien es recordada entre las mujeres ilustres del mundo, destacando en retratar las imágenes del hombre».

»¿Es bonito, verdad?

—Sí que lo es.

—Lástima que no pueda usted conocerlo. Está fuera por un par de días. Pero Orazio siempre me dio libertad para pintar. Cuando buscamos casa en Génova él se empeñó en que tuviese mucha luz y espacio para un estudio propio.

»Fui pintora de corte y tuve éxito, pero le voy a contar cuál fue el momento más emocionante de mi larga vida. Ocurrió hace más de setenta años, pero no hay casi hora en que no lo tenga presente. Fue el día en que conocí a Miguel Ángel Buonarroti. Una vez más, fue mi padre quien contribuyó de forma decisiva a que se produjera ese encuentro. Le escribía cartas pidiéndole o, casi mejor, rogándole, que prestara atención a mis trabajos. En 1554 viajé a Roma para conocer al que todo el mundo llamaba «Il Divino». Me encontré a un hombre mayor, malhumorado, que vivía con una especie de pena a cuestas. Al poco tiempo comprendí que esa pena la había causado la muerte de Vittoria Colonna, una especie de amor platónico del genio. Vivía esos años volcado en la arquitectura, y con la basílica de San Pedro como gran obsesión. Fue amable, a pesar de tener delante a una muchacha que apenas podía articular palabra. Después de interesarse por mi vida, más por educación, me pidió que le trajera un dibujo de un niño llorando. ¡Un niño llorando! Yo no había pintado lágrimas nunca. Había oído hablar mucho de un pintor flamenco, Rogier van der Weyden, autor de un descendimiento en el que las lágrimas parecían tan reales que había quien pasaba las manos por ellas para intentar secarlas.

»Pinté a mi hermano Asdrúbal, cuyos rasgos tenía muy frescos en mi cabeza. Regresé, con ayuda de la memoria, a los días en casa, cuando mis hermanas y yo le hacíamos enfadar hasta el llanto».

Emociona pensar en el encuentro entre Sofonisba y Miguel Ángel —quien terminaría apadrinándola durante un par de años—, pero emociona más la conversación que pudieron mantener Van Dyck y la pintora cuando ella era una anciana, en el ocaso de su vida.

Es indudable la calidad del retrato realizado por Van Dyck al final de los días de Sofonisba. Fueron esos ojos abiertos, mitad tristes y mitad enfermos, los que me llevaron a hacerle un hueco en el libro precisamente a este cuadro. Unos ojos incapaces de volver a pintar, pero que anhelan los tiempos de color y pinceles.

De Van Dyck se conoce casi toda su biografía. Miembro de una familia acomodada, precoz en su talento, en 1618 entró a formar parte del taller de una vaca sagrada del arte, Pedro Pablo Rubens, del que sería ayudante principal. Aun siendo él un enorme pintor, es ella el personaje central de este capítulo.

Eso sí, antes de terminar, y como imaginar es gratis, puedo también imaginarme a Van Dyck cruzándose por las calles de Amberes con otra de las protagonistas de este libro, Clara Peeters. Los observo charlando e intercambiando pareceres sobre los retratos de uno y los bodegones de la otra. Pienso en los suspiros de ella al anhelar poder trabajar con seres vivos y retratar cuerpos, o en las alabanzas de él por los detalles de esa copa, ese cuchillo o esa fruta. Quién sabe, quizá en algún rincón del siglo XVII tuvo lugar esa conversación.

Las estaciones

GIUSEPPE ARCIMBOLDO

1573

No, no me sirve. Esa tampoco, ni esa. Mira: así. Las necesito así. Necesito flores que estén en su esplendor, pequeñas. Necesito frambuesas, melocotones. Necesito ramas para las barbas, trigo limpio, ajos, pepinos y limones. Hierbas, maderas, manzanas, setas, aceitunas. Me llevo estas peras y muchas uvas. El pelo será de uvas.

Uno imagina a Giuseppe Arcimboldo paseando por los mercados del siglo XVI buscando a sus modelos para poder elaborar esos sofisticados retratos que, a modo de rompecabezas, crean una ilusión en quien los ve y que genera una sensación que transita entre la alegría y la risa y la repulsión y el temor. Estas *testes composte* ('cabezas compuestas') le dieron a Arcimboldo la fama y el dinero en vida que no conseguía con sus retratos convencionales. En estas obras manieristas, cargadas de ironía e intención, encontró un género nuevo que le granjeó la admiración de las cortes de Praga y Viena para caer más tarde en el olvido hasta que, a principios del XX, sus cabezas hortofrutícolas fueron recuperadas por los surrealistas (es evidente su influencia en Dalí y compañía). Fueron una mina de oro que le permitieron obtener un puesto como pintor de corte de Maximiliano II, primero, y más tarde, después de esa travesía por el desierto, un lugar en los libros de historia.

Giuseppe, hijo de un vidriero y humilde pintor, pronto se dio cuenta de que los cuadros «al uso» no iban a darle de comer. Posiblemente conocía las caricaturas grotescas de Leonardo da Vinci y viera en ellas un punto de partida para sus peculiares bodegones llenos de vida.

Otros piensan que, en alguno de sus paseos por los mercados, se fijaría en la manera de disponer el género que tenían los tenderos y se le encendió la bombilla. Algún frutero con mucho arte quizá formara una cara con sus frutas y hortalizas y, al verlo, Giuseppe llevó la idea a sus últimas consecuencias. El caso es que, siendo obras infravaloradas por muchos, les cabe el honor y el mérito de ser inmediatamente reconocibles por todos. No es difícil decir «Esto es un Arcimboldo».

De estas cuatro estaciones se hicieron varias series. La que se reproduce aquí la encontramos en el Museo del Louvre, el mismo que custodia a *La Gioconda*.

A pesar del tono caricaturesco o, si me lo permiten, gracioso y simpático que suele ir en contra de cualquier erudito del arte, Arcimboldo no dejaba nada al azar. Cada estación está compuesta por elementos que suelen asociarse a ella. Así, en *La primavera* encontramos flores, en *El verano* frutos de toda clase, en *El otoño* hojas, setas y uvas, mientras *El invierno* —que da miedo— es un entramado de ramas contrapuesto con dos limones que parecen querer simular lo que hoy, entonces no existían, sería una pajarita.

Estamos, sin duda, ante uno de los pintores más originales del Renacimiento —con permiso de El Bosco—, un tipo capaz de encontrar un lenguaje propio con el que articular su carrera. Las suyas son obras llenas de metáforas que, quien las observa, va descubriendo poco a poco con una mezcla de rechazo, admiración e incredulidad. Obras que terminan en el ojo humano, cuando este se asienta sobre la totalidad del cuadro y compone

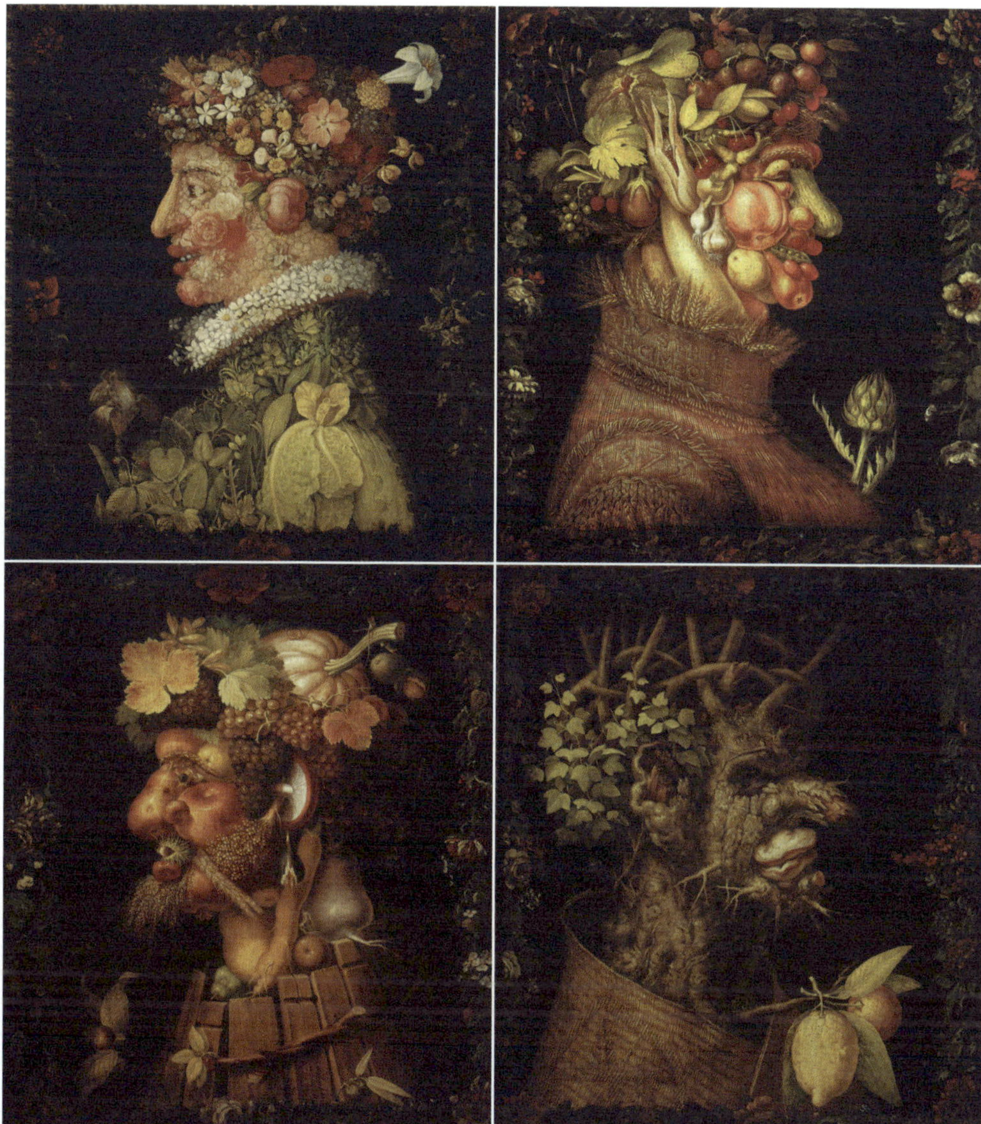

la figura. Una especie de juego que necesita de la complicidad del observador para entablar un diálogo en una lengua nueva, sorprendente e inédita.

Si tienen niños, Arcimboldo es una estupenda manera de acercarles el arte. Prueben a mostrarles solo una parte de algún cuadro y luego vayan abriendo el campo para ver su reacción. Apuesto lo que quieran a que se quedarán con la boca abierta al descubrir que todas esas cosas que pueden encontrar en la nevera sirven para formar una figura.

Estas anaformosis, esos juegos ópticos, viajan por el territorio de la ilusión y la imaginación, que es uno de los grandes territorios del arte. A mí siempre me han recordado a esas figuras que nuestra mente reconstruye a menudo al ver determinados objetos, cuando creemos reconocer una cara en el grifo de casa, o en una boca de riego, esa pareidolia que seguro han experimentado en más de una ocasión, asociaciones para las que suelen tener más ojo los niños.

A pesar de lo que pueda parecer —o de lo que podamos escuchar a muchos—, no hay que quitar méritos a este artista, que pintaba con minuciosidad y perfección esos elementos de la naturaleza, a los que conseguía imbricar de forma tan sorprendente que ante nuestros ojos aparecía algo nuevo, otra cosa que nunca hubiéramos pensado que pudiese surgir de la asociación de tan variados elementos. Algo de magia hay en todo esto.

En realidad, Arcimboldo fue de alguna manera el precursor del bodegón, un género que no llegaría hasta años después. En sus cuadros se daba la paradoja de que una naturaleza muerta provocaba el nacimiento de otra cosa, un rostro que parece tener vida.

Me hace feliz imaginar que Stan Lee, el maestro de cómics, pudo inspirarse en estos retratos para, por ejemplo, crear a

Groot, ese hombre árbol que bien podría ser hijo de *El Invierno* de Arcimboldo, sin ir más lejos.

Además de la serie dedicada a las estaciones, les recomiendo que busquen la que realizó sobre los elementos, cada una con componentes muy estudiados, como los animales marinos que dan forma a *Agua*. Especialmente pertubador es su cuadro *El bibliotecario*, lleno de libros, hojas sueltas, papeles aquí y allá, que dibujan a un hombre sabio, un cuadro que tranquilamente podría pasar por vanguardista y que el hijo del vidriero pintó en el siglo XVI.

Muchas de las obras de este artista irrepetible se perdieron o destruyeron tras el saqueo del castillo de Praga, durante la guerra de los Treinta Años.

Hay que destacar que, como ha pasado muchas veces en el mundo del arte —y pasa en la vida, en general—, el que Giuseppe Arcimboldo haya llegado a nuestros días, o al menos pudiera dar rienda suelta a esa —*a priori*— locura de obra, se lo debemos a Rodolfo II, nieto de Carlos V y emperador del Sacro Imperio Romano Germánico, que, como su padre Maximiliano II, siguió apostando por un hombre que decidió que el mejor camino para pasar a la historia era saber hacer buen uso de la cesta de la compra y engañarnos a todos.

Eso sí, prueben a enseñar un Arcimboldo a un crío. Esa sonrisa puede ser el principio de una gran amistad.

Estudio sobre el retrato del papa Inocencio X de Velázquez

FRANCIS BACON

1953

Empezó a subir y bajar las escaleras que rodean la estatua de uno de sus artistas más admirados. Hacía tiempo para que el museo cerrara y observaba de nuevo, y con detenimiento, la cara de Goya. Nunca le gustó mucho la escultura de Benlliure. Siempre imaginó al genio más colérico, más humano, menos sereno, más vivo y menos solemne. Rodeaba una y otra vez el pedestal y lo miraba desde todas las posiciones, examinando cada detalle. Luego se sentaba en uno de los escalones, apuraba un cigarro y, cuando el último visitante había abandonado la pinacoteca, se dirigía a la puerta alta.

—Señor Bacon, encantados de tenerle con nosotros de nuevo. Conoce el camino, así que le dejamos libre y a solas, para que disfrute la visita.

El artista se perdía en la galería central y, acelerando el paso, se adentraba en la sala 12. *Las meninas* es uno de sus lugares preferidos del mundo. Después de haber visitado tantas ciudades, su rincón favorito era una habitación del siglo XVII llena de gente. Estaba de acuerdo con Dalí cuando afirmaba que, si tuviese que salvar algo del Museo del Prado en el caso de que se declarase un incendio, salvaría el aire que hay dentro

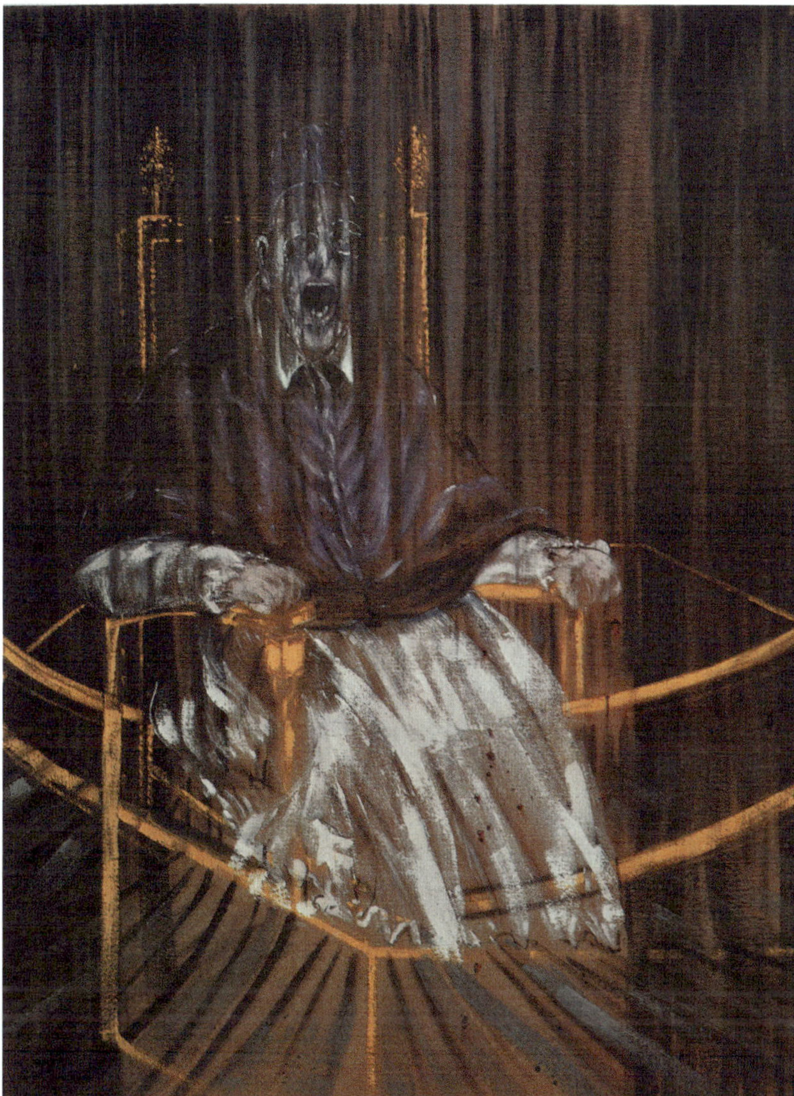

del museo y, en concreto, el aire que se respira dentro de *Las meninas.* En ese aire está gran parte del mérito de la obra, el mérito de poder verlo y poder casi embotellarlo.

Se aproximó de nuevo a la obra de Velázquez, mucho, tanto que en ocasiones parecía que iba a pasar sus manos por encima. Acercaba la nariz y se colocaba bien las gafas para apreciar cada pincelada. Le interesaba la materia, lo orgánico. Luego daba una vuelta, como si pasara lista al resto de los cuadros de la sala, y se iba a *La familia de Carlos IV.* Goya, siempre Goya. Velázquez y Goya, Goya y Velázquez. Le irritaba cuando le preguntaban con cuál se quedaría. No veía la razón de tener que elegir. ¡Con los dos! Y vaya suerte poder disfrutar de ambos en el mismo museo.

Una vez delante de esa familia, se preguntaba por qué ese cuadro no se exponía junto a *Las meninas*. ¡Sería un juego visual maravilloso! Por eso siempre iba directo de uno a otro, y cada vez encontraba más similitudes entre ellos. Hay que ser muy audaz e inteligente, como Goya, para incluir a una mujer con el cuello vuelto, a la que no reconocemos. Está así pintada para solventar el problema de que la futura esposa de Fernando VII estaba ausente.

Por hoy había tenido suficiente. Siempre salía algo mareado del Prado. Abrumado ante la maestría, inseguro.

Le vendrá bien el paseo andando hasta la calle de la Reina. En el Cock empezará una nueva noche, que no se sabe las sorpresas que le deparará.

—Hasta la próxima, señor Bacon.

No habría próxima vez.

Uno de los mayores placeres para Francis Bacon era visitar el Museo del Prado a solas y poder pasear por sus salas, casi con permiso para tocar los cuadros. Velázquez y Goya eran sus paradas obligatorias, pero El Greco tenía también un lugar casi seguro en su agenda.

Francis Bacon

Es curioso que Bacon, que siempre que podía pasaba horas admirando a sus maestros, nunca quisiera ver en persona el retrato que inspiró la obra que acompaña estas líneas, que reinterpretó en más de cuarenta ocasiones. El artista irlandés decía que el *Inocencio X* de Velázquez era, probablemente, el mejor retrato que se había hecho, y que le obsesionaba. Compraba cualquier libro en el que apareciera. Era una obra que le acosaba y despertaba en él sentimientos que no sabía que tenía.

Esa pintura de Velázquez representa el poder como pocas lo han hecho. Ojos aterradores que parecen mirar directamente al pintor mientras este trabaja; ojos inquisidores que muestran impaciencia por terminar. Rostro en tensión, autoritario, sabedor de que tiene el privilegio de perdonar o condenar. Mano muerta, hacia abajo, con anillo, acostumbrada a ser apretada y besada para buscar la misericordia y un pasaporte a la otra vida o a la tranquilidad. Un hombre inaccesible, de ceño fruncido, con capa de seda. Un retrato que trasciende lo pictórico para convertirse en un retrato psicológico; seguro que fue eso lo que obsesionó a Bacon. Una obra de la que, al verla, el propio protagonista exclamó aquello de «*Troppo vero!*». Demasiado auténtico.

El Inocencio X de Bacon, además de todo eso, da miedo. Miedo como sinónimo de terror. Su interpretación, más que una interpretación, es una radiografía de un personaje que parece estar siendo electrocutado o vapuleado en un *ring* de boxeo, como sugieren las líneas horizontales amarillas. Es un ser desprovisto de la solemnidad velazqueña, un ser que grita por lo vivido o por tener cerca a los fantasmas de las víctimas que ha dejado en el camino. Es un grito que nos lleva a Munch y a la desesperación de alguien que sabe que no hay escapatoria. El grito como expresión máxima del dolor y única manera de exorcizar fantasmas, el grito como *leitmotiv* que articula nuestra vida. Como él mismo contaba, nacemos con un grito y podemos morir gritando. Tanto poder acumulado para terminar así, como todos, convertido en una calavera que no encuentra consuelo.

El arte de Francis Bacon tiene, entre otras muchas cualidades, una innegable: es capaz de llegar al sistema nervioso de quien se encuentra delante de uno de sus cuadros. El niño al que su padre echó de casa al verlo vestido de mujer y que se enfrentó a las miradas contrarias y la incomprensión, se convirtió pronto en un experto en la figura humana, único tema que le interesaba. Para Bacon, el hombre es el paisaje y en ese paisaje suele haber tormenta casi a diario. Sus personajes se retuercen, se convierten en trozos de carne casi imposibles de moldear.

Velázquez era su dios y Pablo Picasso quien le indicó el camino. Ese camino en el que estaba permitido saltarse reglas, apelar a lo irracional e ir directamente a la emoción y al estómago del espectador.

Bacon era un especialista en retratar la violencia: la física, la mental, la sexual, la violencia que campa a sus anchas por la vida. Regaba esa vida con grandes dosis de desesperación. Una desesperación en la que, como apuntábamos, mucho tuvo que ver su infancia. Al final, en los artistas, como en todo ser humano, es el terreno de la infancia el que abona las obras que vendrán.

Despegado de su padre y con el asma siempre rondándole, el joven Francis no pudo asistir al colegio con asiduidad. Fue enterrando amantes mientras él ganaba el pulso a las noches de alcohol. A todos ellos los pintó. Desde Eric Hall, arruinado por su culpa, a Peter Lacy, a quien un día se le reventó el páncreas, pasando por George Dyer, que se quitó la vida el día antes de la inauguración de la retrospectiva del pintor en el Grand Palais de París. El último fue José, al que muchos dicen que vino a ver en 1992, en contra de los consejos de los médicos, para intentar una reconciliación. Esa sería la última vez de Francis Bacon en Madrid. Moriría en la habitación 417 de la Clínica Ruber, donde le atendía sor Mercedes. En esa misma habitación había muerto Tyrone Power en 1958.

En esa mítica habitación sintió que, de repente —como da la impresión que les sucede a sus personajes—, se le escapaba el aire a chorros. Se ahogaba. Ahí dio ese último grito que tantas veces él había pintado, ese grito que cierra el círculo vital de los seres humanos.

En 2009 el Museo del Prado le dedicó una retrospectiva. Sus cuadros colgaban de esas paredes que él conocía de memoria.

Seguro que el día de la inauguración algún empleado o empleada del Prado dijo en voz baja aquello de «Encantado de volver a verle, señor Bacon».

El beso

EDVARD MUNCH

1897

Me decía que esperara hasta que anocheciera y se encendieran las primeras farolas, cuando viera que la calle estaba poco transitada. Debía intentar no cruzarme con nadie, comprobar que las escaleras estaban libres y entonces emprender el camino hacia el tercero exterior izquierda. Cada escalón que superaba suponía estar un poco más cerca del lugar donde había soñado estar toda la semana: sus labios. Mi corazón iba tan deprisa que temía sufrir un colapso antes de poder llamar a su puerta.

El siglo xx estaba en el horizonte de todos, el cambio a una nueva era de la que todo el mundo hablaba en bares y cafés. Vivíamos inmersos en una segunda revolución industrial, pero mi particular revolución era ella. No había más preocupación que esperar a tener noticias suyas. Si ella me citaba daba igual lo que estuviese haciendo, lo dejaba todo y acudía al lugar que indicara. Podía ser de madrugada o al alba. Intentaba siempre ir con mi traje oscuro, el único que tenía, y la camisa blanca de los domingos. En realidad, era domingo cuando ella quería.

Al abrir la puerta esbozaba una sonrisa, leve, sin estridencias, una medio sonrisa, podríamos decir. Me invitaba a pasar, me servía un vino y, antes del segundo sorbo, nos fundíamos en ese beso que tienen delante. Lo de fundir no es una exageración. Nuestro beso provocaba que nuestras figuras se mimetizaran. Las caras, de repente, se volvían como una

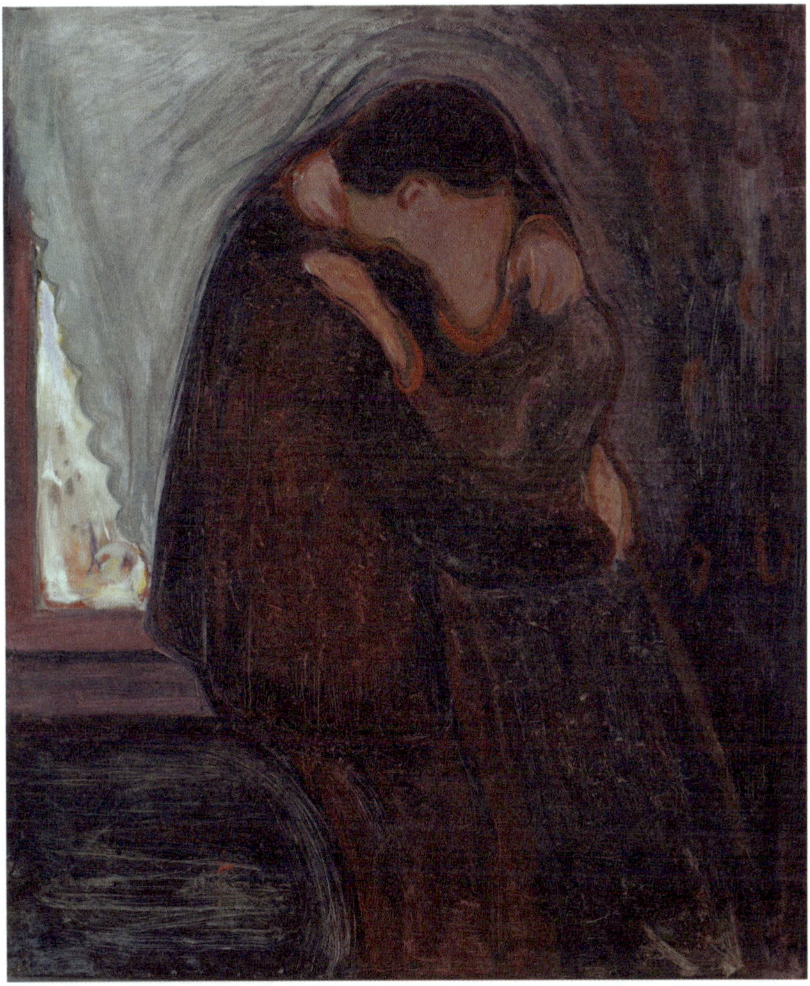

especie de pasta moldeable y se mezclaban la una con la otra, hasta el punto de no saber dónde empezaba ella y dónde empezaba yo. Fuera, el mundo seguía su curso. Se escuchaba el murmullo de gente divirtiéndose y a algún borracho gritar cosas ininteligibles. Todo llegaba a nosotros de una manera tan sutil, tan diluida, que podría haberse desencadenado una guerra bajo esa ventana y no nos habríamos dado cuenta. El mundo se movía, pero nosotros permanecíamos detenidos, paralizados, congelados en ese momento, en ese instante en el que podría haber vivido siempre. Nunca volví a experimentar esa sensación, la de que dos personas pudieran transformarse en una sola.

A lo largo de esos besos también tenía la capacidad de ver la escena desde fuera. Era como si pudiese salir de mi cuerpo y admirar a esa pareja fusionada, verlos incluso como extraños, tanta pasión contenida, tanta supuesta felicidad. Y la realidad ahí abajo, ajena a que detrás de una cortina, sin apenas luz, dos seres humanos se encuentran tras haberse buscado media vida. Soy consciente de que esto no se alargará en el tiempo, todo se apaciguará e incluso un día se romperá en mil pedazos. Pero hasta entonces ya les digo que cuando ella diga y donde ella diga me tendrá. El siglo XX puede esperar.

Edvard Munch pintó varios besos a lo largo de su vida. Para cualquiera de ellos hubiese servido la introducción anterior, quizá más acorde con el que realizó en 1892 por aquello de verse una calle, y la luz del exterior, y una cortina. Pero aquel primer beso conduce irremediablemente a este otro que ilustra el capítulo. *El beso* de 1892 deja abierta una puerta al color, pero al leer el lienzo de izquierda a derecha desembocamos en la oscuridad, en un beso que parece furtivo, en dos seres que empiezan a mezclarse.

Siempre he pensado que una vez dado ese primer beso después vendría este, en el que ya no se distingue casi nada, en el que esa fusión que empezó detrás de una cortina se lleva a la máxima expresión. En este beso, cinco años posterior, solo distinguimos los claros de carne, unas manos sin perfilar y unos rostros irreconocibles. Esos dos amantes podríamos ser todos o desearíamos ser todos. El marrón mancha por completo la obra y nos obliga a agudizar la mirada para que el beso cobre forma delante de nosotros. Una de las manos de cada amante se sitúa en la nuca del otro: es un beso del que no hay escapatoria. Ninguno de los dos se atreverá a interrumpirlo antes de tiempo; esas manos marcarán el final, pero el final no parece próximo. Se adivina fuerza, pero no sexualidad; se adivina pasión, pero no podríamos decir cuál será el siguiente paso, incluso podría ser un beso de adiós o despedida. Lo bueno de Munch, especialista en radiografiar sentimientos, es que en su beso están todos los besos posibles, el de reencuentro, el de despedida y el de preparación. Nada se distingue, todo ha dejado de ser. El cuadro es una enorme máscara que invita a hacerse preguntas, una obra que esconde un misterio que cada cual debe resolver a su manera. La identidad no es importante, pasa a un segundo plano.

El beso de estos dos seres indefinidos provoca ondas en el ambiente. Sobre sus figuras, la tela tiembla, se sobrecoge, y esas perturbaciones incluso llevan al color. Munch va limitando los trazos hasta conseguir que, sin ver nada, veamos prácticamente todo, y hacer que el cuadro vibre y se mueva. No sabemos si conoció, o vio, una escultura que irremediablemente nos viene a la cabeza. Hablamos de otro beso, el de Rodin, en el que los cuerpos también se funden mientras parecen moverse en una coreografía perfecta.

Este beso de Munch forma parte de *El friso de la vida* —*La pubertad, Madonna, Melancolía, La tormenta, Claro de luna, El grito* o *Muerte en la habitación,* por citar solo algunas de las obras que lo integran—, un conjunto de cuadros en los que Munch quiso aproximarse a todos los aspectos de la vida humana, con el amor y la muerte como grandes protagonistas. Un friso en el que empleó cuarenta años. Cuarenta años pintando, pintándonos, como pocas veces nos hemos visto o pocas veces nos gustaría vernos. Es como si Munch tuviese una máquina de rayos X y fuese capaz de ver cosas que a simple vista no se pueden ver.

La historia de Edvard Munch la conoce prácticamente todo el mundo. La enfermedad, la muerte y la locura mecieron su cuna, llegó a decir, y esas compañeras permanecieron junto a él el resto de sus días. Su obra *El grito* es una de las imágenes más reproducidas de la historia, un grito de tal intensidad que probablemente haya ensordecido otras obras suyas con tanta o incluso mayor profundidad que aquella.

A Munch no le interesaban los cuerpos como tales, la representación de la figura humana. Él afirmó que si Leonardo diseccionaba cuerpos, lo suyo era diseccionar almas. Perdió a su madre y a su hermana muy pronto y la férrea disciplina paterna le marcó para siempre. La ausencia de una figura femenina en sus primeros años propició que terminara convirtiendo a la mujer en el eje de su producción; encontraba así en sus cuadros lo que había perdido. Esta carencia emocional, acompañada de una estricta educación religiosa, hizo que tuviese una relación complicada con el sexo opuesto.

Bebedor con trastornos psicológicos, estuvo ingresado cuatro años por alcoholismo, depresión e ideas suicidas. Munch viajó vital y artísticamente desde el naturalismo al expresionismo. Junto a Van Gogh, es uno de los más claros ejemplos en los que se puede asociar la actividad creativa y los trastornos mentales. Pocos como el artista noruego han sido capaces de llevar a un cuadro la angustia humana en todas sus vertientes. El desasosiego, la confusión, el abismo, se reflejan siempre en sus obras que, como él mismo decía, no hubiesen sido las mismas sin su enfermedad.

Edvard Munch

Como tantos otros artistas murió solo, extremadamente solo, si es que la soledad puede ser extrema. Donó miles de obras a la ciudad de Oslo, que en 1963 inauguró el museo que lleva su nombre, el de un artista capaz de «disecarnos» el alma y robarnos el espíritu.

El abrazo

JUAN GENOVÉS

1976

Te abrazo porque te quiero, te abrazo porque te echo de menos, te abrazo porque quiero olvidar, te abrazo por amistad, te abrazo por compañerismo, te abrazo porque todo ha acabado, te abrazo porque todo va a empezar. Te abrazo para celebrar, te abrazo para consolar, te abrazo porque sí, te abrazo por si no puedo hacerlo más. Te abrazo fuerte, te abrazo delicado, te abrazo estrecho, te abrazo de corazón, te abrazo hasta quedarme sin aire, te abrazo sin miedo, te abrazo con miedo, te abrazo sin saber por qué. Te abrazo para despedirte, te abrazo para recibirte, te abrazo por la buena nueva, te abrazo por la mala noticia, te abrazo por lo que vendrá, te abrazo por lo que fuimos, te abrazo por los recuerdos, te abrazo por la memoria, te abrazo por el olvido, te abrazo por la hermandad. Te abrazo sin pensarlo, te abrazo pensándomelo, te abrazo sin pretensiones, te abrazo con intención. Te abrazo sólido, te abrazo líquido, te abrazo porque lo mereces, te abrazo aunque no lo merezcas, te abrazo porque lo necesitaba, te abrazo porque tú lo necesitabas. Te abrazo sin más, te abrazo sin menos, te abrazo por el día, te abrazo por la noche, te abrazo al mediodía. Te abrazo a hurtadillas, te abrazo a plena luz, te abrazo con testigos, te abrazo en la clandestinidad, te abrazo sin saber si será la última vez, te abrazo en la penúltima ocasión. Te abrazo siempre, te abrazo ahora, te abrazo en este instante mejor que luego, te abrazo luego también, te abrazo antes, te abrazo después, te abrazo sin prisas, te abrazo atropellado, te abrazo normal. Te abrazo.

Juan Genovés

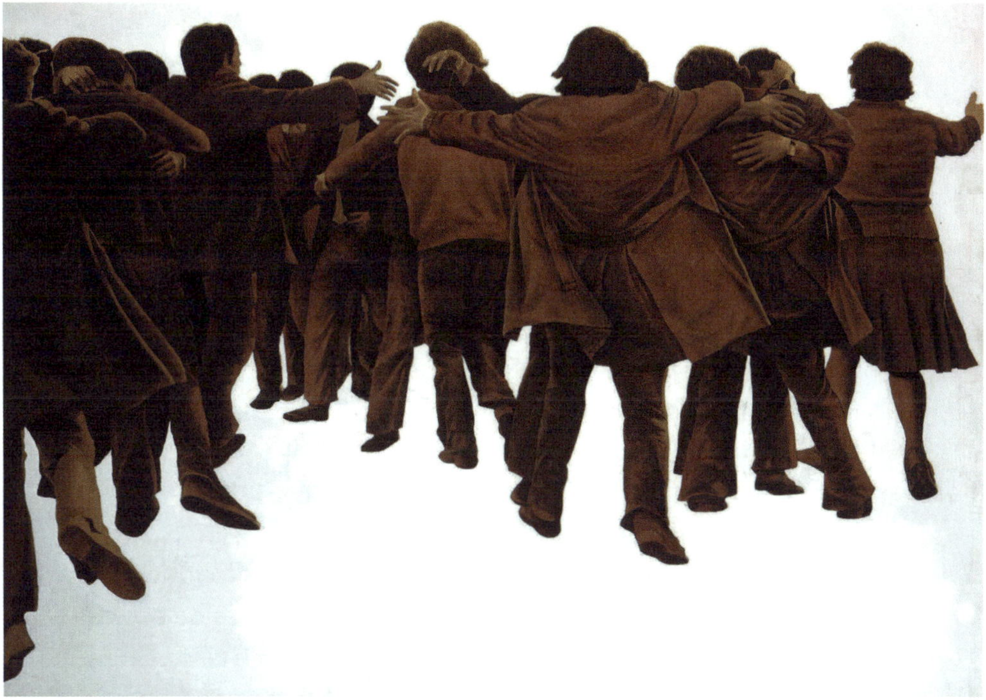

Te quiero, te echo de menos, no te olvidaré nunca. Has sido mi amigo, mi compañero y aunque todo se haya acabado quizá dentro de un tiempo volvamos a coincidir. Hemos celebrado muchas victorias y nos hemos lamido las heridas en la derrota. Tengo miedo y necesito tus brazos, fuertes y delicados, que quizá no tenga más. Toca decir adiós, pero vendrán otras batallas aunque las pasadas caigan en el olvido. Hemos sido hermanos, cómplices, hemos querido conquistar un mundo cruel, hemos saltado en los parques y nos hemos escondido en esquinas. No fuimos siempre los mejores, pero cada día lo intentamos. Hemos sido ayer y hemos sido hoy y quizá dentro de un tiempo seamos mañana. Abrázame sin más. Abrázame.

La introducción es repetitiva, pero es que hay cientos de motivos para abrazar y quería destacar alguno de ellos. Probablemente se les ocurran ahora mismo muchos más, pero esos son algunos. El abrazo necesita de dos personas, es un espejo en el que nos vemos reflejados con la cara del otro. Los brazos suben acompasados para buscar la espalda del que tenemos enfrente, las caras suelen evitarse y las mejillas, dependiendo del tipo de abrazo, quedan más o menos cerca. Los abrazos necesitan poca excusa para darse, pero aun así hay abrazos que pueden cambiar el curso de la historia, de la personal o de la otra. Un abrazo es sellar la paz si ha habido guerra o un acto que sirve para celebrar la paz de vivir sin guerra.

Estaba un día Juan Genovés en su estudio de Madrid; dejó lo que estaba haciendo y salió a tomar el aire. Cerca de ese estudio hay un colegio y debía ser la hora de salida de clase. Sonaría la clásica bocina, o el silbato, y los niños salieron en estampida. De repente, un grupo de críos empezó a abrazarse porque algo, no sabemos qué, les había salido bien. Pudieron ser las notas, la victoria en la pachanga de fútbol o que uno de ellos, por fin, había dado su primer beso, no sabemos. El caso es que Genovés se quedó mirando ese abrazo durante unos segundos y decidió en ese momento que sería el tema de su siguiente obra.

Era 1976 y España necesitaba, entre otras muchas cosas, que la gente se abrazara. En realidad, es algo que nunca ha dejado de necesitar ni España ni casi ningún país. Ese cuadro, que nació en la puerta de un colegio, se convertiría en el icono de un tiempo en el que se buscaba la reconciliación entre personas que conviven en un mismo país, entre las dos partes de una España que necesitaba sacudirse décadas de dictadura, de opresión, de torturas y de cercenamiento de libertades. Había que celebrar que terminaba una etapa llena de oscuridad y, a la vez, intentar abrazar al de enfrente que siempre estuvo enfrente.

El cuadro se convirtió en icono de la forma más rocambolesca posible. A la Junta Democrática, que agrupaba fuerzas políticas, organizaciones sindicales y diferentes movimientos que perseguían la recuperación de las libertades en España y se oponían, por ende, a la dictadura franquista, se le ocurrió elaborar un cartel pidiendo la amnistía para los presos políticos. El cartel se lo encargaron a Genovés, a quien tenían cerca. Pero corría prisa, mucha prisa. Así se decidió que la imagen del cartel la protagonizaría un cuadro que ya estuviese hecho y *El abrazo* estaba terminado. Reunidos en el estudio de Genovés se hicieron los trámites oportunos pero llegó la policía, que detuvo, entre otros, al propio Genovés, al que interrogaron en la Dirección General de Seguridad y a quien al principio llamaron Veronés, nombre que sonaba a uno de los policías como el de un gran pintor.

El póster se pudo producir. Se tiraron quinientos mil ejemplares y fue un enorme éxito. Uno de ellos colgaba del despacho de abogados sindicalistas asesinados vilmente en la recordada matanza de Atocha, un abrazo que se manchó con sangre. Como homenaje, Genovés realizó una escultura que se puede ver en la plaza de Antón Martín de Madrid.

Justo después de aquella noche de detenciones el cuadro viajó a una exposición en Estados Unidos y allí fue comprado por un empresario de Chicago. Adolfo Suárez intervino, tiempo después, para que emprendiera el viaje de regreso a España, terminando durante años, de manera incomprensible, en los almacenes del Museo Reina Sofía, de donde salió hacia el Congreso de los Diputados en 2016, para conmemorar los cuarenta años de la Constitución.

Para Genovés, ese cuadro no era suyo, no le pertenecía. Era un cuadro exclusivamente del pueblo y destinado a recordar a todos los que lucharon por instaurar la libertad en España y a convertirse en símbolo de la fraternidad entre los españoles.

Decía al principio que para un abrazo es imprescindible que haya dos personas. Genovés me quita la razón. Si se fijan, en el extremo derecho del cuadro hay una persona que no abraza a nadie, sus brazos no vuelan a encontrarse con ninguna espalda. Genovés decía que esa mujer está abrazando al futuro, ese en el que todo está por hacer, por ver, por imaginar, por pelear. En el que todo está por abrazar.

Agradecimientos

Al Museo Nacional Thyssen-Bornemisza, al Museo Nacional del Prado y al Museo Nacional Centro de Arte Reina Sofía por dejarme pasear libremente por sus salas para charlar con las obras, y a su personal por contarme a lo largo de los años tantas historias. También al resto de museos, grandes, medianos y pequeños, que cada día abren sus puertas para aportar belleza en estos tiempos tan extraños. A los artistas y creadores que luchan a diario contra los elementos para que tengamos ventanas a las que asomarnos y respirar.

A Ruth, Martín y Lope, fuente de inspiración constante y que aguantaron mi ausencia para que pudiera dar forma al libro. A mi madre (te quiero, mamá) y hermanos. A Manolo y María, que me cedieron el «despacho» de «zafrita». Todos dan forma a un cuadro perfecto.

A Manuel Román, por tantos años de buena televisión.

A Nacho T20 Ruiz, por ser de los primeros lectores y por su manera de entender la cultura.

A Belén Bermejo, mi primera editora. Te echamos mucho de menos, Bel; el mundo tiene menos arte sin ti.

Al jurado del Premio Espasa por, según me dijeron, emocionarse también con este libro.

A vosotros, lectores y amantes de la cultura que buscáis en el arte refugiaros de la tormenta.

Este libro se terminó en pleno confinamiento debido a la crisis del COVID-19, por eso lo dedico a los hombres y mujeres que cuidaron y cuidan de nosotros y a los que nos dejaron, todos permanecerán siempre en nuestra memoria.

Índice de obras

Adán y Eva (1909), Suzanne Valadon. Óleo sobre lienzo; 162 × 131 cm. Centre Pompidou. París, Francia.

Autorretrato a la edad de 63 años (1669), Rembrandt. Óleo sobre lienzo; 88 × 70 cm. The National Gallery. Londres, Reino Unido.

Bodegón con flores, copas doradas, monedas y conchas (1612), Clara Peeters. Óleo sobre tabla; 59,5 × 49 cm. Staatliche Kunsthalle. Karlsruhe, Alemania.

Camille Monet en su lecho de muerte (1879), Claude Monet. Óleo sobre lienzo; 90 × 68 cm. Musée d'Orsay. París, Francia.

Desnudo reclinado con toile *de Jouy* (1922), Léonard Foujita. Lápiz, pluma, tiza negra y óleo sobre lienzo; 130 × 195 cm. Musée d'Art Moderne de la Ville de Paris. París, Francia.

El abrazo (1976), Juan Genovés. Acrílico y serigrafía sobre lienzo; 151 × 201 cm. Museo Reina Sofía. Madrid, España.

El beso (1897), Edvard Munch. Óleo sobre lienzo; 99 × 81 cm. Munchmuseet. Oslo, Noruega.

El origen del mundo (1866), Gustave Courbet. Óleo sobre lienzo; 46 × 55 cm. Musée d'Orsay. París, Francia.

El Temerario remolcado a dique seco (1838), William Turner. Óleo sobre lienzo; 91 × 122 cm. The National Gallery. Londres, Reino Unido.

El vagón de tercera clase (1864), Honoré Daumier. Óleo sobre tabla; 65,4 × 90,2 cm. The Metropolitan Museum of Art. Nueva York, Estados Unidos.

Estudio sobre el retrato del papa Inocencio X de Velázquez (1953), Francis Bacon. Óleo sobre lienzo; 153 × 118 cm. Des Moines Art Center. Des Moines, Iowa, Estados Unidos.

Gótico americano (1930), Grant Wood. Óleo sobre aglomerado de madera; 68 × 65,3 cm. Art Institute of Chicago. Chicago, Estados Unidos.

Interior de la calle Strand. Luz del sol en el piso (1901), Vilhelm Hammershøi. Óleo sobre lienzo; 46 × 52 cm. Statens Museum for Kunst. Copenhague, Dinamarca.

La callejuela (h. 1658), Johannes Vermeer. Óleo sobre lienzo; 54,3 × 44 cm. Rijksmuseum. Ámsterdam, Holanda.

La casa junto a la vía del tren (1925), Edward Hopper. Óleo sobre lienzo; 61 × 73,7 cm. Museum of Modern Art. Nueva York, Estados Unidos.

La feria de caballos (1852), Rosa Bonheur. Óleo sobre lienzo; 244 × 505 cm. The Metropolitan Museum of Art. Nueva York, Estados Unidos.

La ronda de los presos (1890), Vincent van Gogh. Óleo sobre lienzo; 80 × 64 cm. Museo Pushkin. Moscú, Rusia.

Las estaciones (1573), Giuseppe Arcimboldo. Óleo sobre lienzo; 76 × 64 cm. Musée du Louvre. París, Francia.

Las etapas de la vida (1835), Caspar David Friedrich. Óleo sobre lienzo; 72,5 × 94 cm. Museum der Bildenden Künste. Leipzig, Alemania.

Los amantes (1928), René Magritte. Óleo sobre lienzo; 54,2 × 73,4 cm. Museum of Modern Art. Nueva York, Estados Unidos.

Los bebedores de absenta (1876), Edgard Degas. Óleo sobre lienzo; 92 cm × 68,5 cm. Musée d'Orsay. París, Francia.

Los pichones (1957), Pablo Picasso. Óleo sobre lienzo; 100 × 80 cm. Museo Picasso. Barcelona, España.

Los tres viajeros aéreos favoritos (1785), John-Francis Rigaud. Óleo sobre lámina de cobre; 50,5 × 36,5 cm. Museo del Prado. Madrid, España.

Madrid desde Torres Blancas (1976-1982), Antonio López. Óleo sobre tabla; 154 × 244 cm. Colección particular.

Magdalena penitente (h. 1640), George de La Tour. Óleo sobre lienzo; 133,4 × 102,2 cm. The Metropolitan Museum of Art. Nueva York, Estados Unidos.

Muchacha de Figueres (1926) Salvador Dalí. Óleo sobre tabla; 20,8 × 21,5 cm. Fundación Gala-Salvador Dalí. Figueres, España.

Mujer con guitarra (1917), María Blanchard. Óleo sobre lienzo; 100 × 72 cm. Museo Reina Sofía. Madrid, España.

Perro semihundido (1819-1823), Francisco de Goya. Óleo sobre revoco, trasladado a lienzo; 79,3 × 31,5 cm. Museo del Prado. Madrid, España.

Retrato de Madame X (1884), John Singer Sargent. Óleo sobre lienzo; 234,9 × 109,8 cm. The Metropolitan Museum of Art. Nueva York, Estados Unidos.

Sofonisba Anguissola (1624), Anton van Dyck. Óleo sobre lienzo; 41,6 cm × 33,7 cm. Sackville Collection, National Trust. Kent, Reino Unido.

Triple Swirl Fade to Black (1994), Charles Bell. Óleo sobre lienzo; 165,1 × 110,4 cm. Colección particular.

Un mundo (1929), Ángeles Santos. Óleo sobre lienzo; 290 × 310 cm. Museo Reina Sofía. Madrid, España.

Vieja friendo huevos (1618), Diego Velázquez. Óleo sobre lienzo; 100,5 × 119,5 cm. National Gallery of Scotland. Edimburgo, Reino Unido.

Vista de la playa de Scheveningen (h. 1640), Hendrick van Anthonissen. Óleo sobre tabla; 56,8 × 102,8 cm. Fitzwilliam Museum. Universidad de Cambridge, Reino Unido.

Vista hacia el norte del monte Asukayama (1856), Utagawa Hiroshige. Xilografía; 34 × 22,2 cm. Ota Memorial Museum of Art. Tokio, Japón.

Fuentes

Libros

Boe, Alf, *Edvard Munch*. Ediciones Polígrafa, Barcelona, 1989.

Calvo Serraller, Francisco, *Goya. Obra pictórica*. Electa, Milán, 2009.

Dalí, Ana María, *Salvador Dalí visto por su hermana*. Juventud, Barcelona, 1949.

Dalí, Salvador, *The Secret Live of Salvador Dalí*. The Dial Press, Nueva York, 1942.

Davis, Deborah, *Strapless: John Singer Sargent and the Fall of Madame X*. TarcherPerigee, Nueva York, 2004.

Escárzaga, Ángel, *Claves secretas de las vanguardias artísticas*. Nuer Ediciones, Madrid, España, 1997.

Jeffrey, Ian, *Cómo leer la fotografía*. Electa, Milán, 2011.

Klumpke, Anna, *Rosa Bonheur: The Artist's (Auto)Biography*. The University of Michigan Press, Ann Harbor, MI, 2001.

López, Antonio y Calvo Serraller, Francisco, *Antonio López. Dibujos*. TF Editores, Madrid, 2010.

Pacheco, Francisco, *Arte de la pintura, su antigüedad y grandeza*. Simón Fajardo, Sevilla, 1649.

Schopp, Claude, *L'origine du monde: Vie du modèle*. Phébus, París, 2018.

Solana, Guillermo, *#Thyssen140*. Fundación Colección Thyssen-Bornemisza, Madrid, 2013.

Thomas, Joanna, *The Experience of Space in Vilhelm Hammershøi's Paintings of Domestic Interiors.* University of London, Londres, 2013.

VV. AA., *Museo de Museos*. Electa, Milán, 2009.

VV. AA., *La modernidad y lo moderno. La pintura francesa en el siglo XIX*. Akal, 1998.

Catálogos

Disney. El arte de contar historias. Obra Social La Caixa, Barcelona, 2017.

Edvard Munch. Arquetipos. Fundación Colección Thyssen-Bornemisza, Madrid, 2015.

El arte de Clara Peeters. Museo Nacional del Prado, 2016.

Hopper. Fundación Colección Thyssen-Bornemisza, Madrid, 2012.

Francis Bacon. Museo Nacional del Prado, Madrid, 2009.

Hiperrealismo. 1967-2012, Fundación Colección Thyssen-Bornemisza, Madrid, 2013.

Historia de dos pintoras. Sofonisba Anguissola y Lavinia Fontana. Museo Nacional del Prado, Madrid, 2019.

La belleza encerrada. De Fra Angelico a Fortuny, Museo Nacional del Prado, Madrid, 2013.

Miguel Ángel. El arte, los afectos. FMR, Bolonia, 2008.

Modigliani y la Escuela de París. Arte, amor y drama. Fundación Cajamurcia, Murcia, 2002.

Monet-Boudin. Fundación Colección Thyssen-Bornemisza, Madrid, 2018.

Picasso. Die Umarmung, Sociedad Estatal Hanover 2000, Hannover, 2000.

Toulouse-Lautrec y el espíritu de Montmartre. Exposición en Caixaforum. Planeta, Barcelona, 2018.

Turner y los maestros. Museo Nacional del Prado, Madrid, 2011.

Páginas web

Sobre Degas y *Los bebedores de absenta*:

http://www.montmartre-secret.com/2014/11/ellen-andree-modele-a-montmartre-manet-degas-renoir.html

https://galeriepaulproute.fr/wp-content/uploads/2017/03/Cat150_ssPrix.pdf

https://gallica.bnf.fr/ark:/12148/bpt6k6158705s/f6.image

Sobre Vilhelm Hammershøi:

https://www.smk.dk/en/artist_profile/vilhelm-hammershoei/

Sobre Magritte y el periodo Vache:

http://www.mattesonart.com/1947-1948-vache-period.aspx

Sobre Clara Peeters:

https://www.museodelprado.es/actualidad/exposicion/el-arte-de-clara-peeters/e4628dea-9ffd-4632-85c9-449367e86959

Sobre *Los pichones* de Picasso:

http://www.bcn.cat/museupicasso/es/coleccion/mpb70-450.html

Sobre Anton van Dyck:

https://www.museodelprado.es/aprende/enciclopedia/voz/dyck-anton-van/64867547-2b7b-485f-b11b-deafe723f75c

Documentos relacionados con Velázquez:

https://guiadigital.iaph.es/sys/productos/Velazquez/velazquezSevilla/documentos/documentos.html

Audiovisuales

El mundo de Ángeles Santos. Programa *Imprescindibles.* RTVE, 2017. No disponible.

Francis Bacon, la mirada oblicua. Programa *Informe Semanal,* 2009. https://www.rtve.es/alacarta/videos/informe-semanal/informe-semanal-francis-bacon-mirada-oblicua/402309/.

Juan Genovés: 100 × 120 encendido. Programa *Imprescindibles.* RTVE, 2014.

La pasión del Prado. Documental. RTVE, 2013. https://www.rtve.es/alacarta/videos/documaster/documaster-pasion-del-prado/4030238/.

Revelando a Dalí, el documental, RTVE, 2014. https://www.rtve.es/alacarta/videos/la-noche-de/noche-revelando-dali/2338787/.

Otros

Cañadas, Mariona, *Suzanne Valadon. Una nova mirada al nu femení.* Trabajo de final de grado de Historia del Arte. 2014.

Gómez de la Serna, Ramón, «La genial pintora Ángeles Santos, incomunicada en un sanatorio», *La Gaceta Literaria,* Madrid, 1 de abril de 1930.

Parrilla Bou, Mª Ángeles, *El arte de los pigmentos. Análisis histórico-artístico de su evolución a partir de los tratados españoles de Francisco Pacheco y Antonio Palomino* (Tesis doctoral). Departamento de Historia del Arte. Universidad de Valencia, Valencia, 2007.